达·芬奇笔记

Journamx de Da Vinci

(意大利)达·芬奇 著
米子 译

时代出版传媒股份有限公司
安徽文艺出版社

图书在版编目（CIP）数据

达·芬奇笔记/(意)达·芬奇著；米子译.—合肥：安徽文艺出版社，2011.9
（理想图文藏书系列·人生文库）
ISBN 978-7-5396-3782-2

Ⅰ. ①达… Ⅱ. ①达… ②米… Ⅲ. ①散文集—意大利—中世纪 Ⅳ. ①I546.63

中国版本图书馆CIP数据核字(2011)第154276号

出 版 人：朱寒冬　　　　从书统筹：岑　杰
特约编辑：苗水芝　　　　责任编辑：岑　杰
图片解说：大雅堂　　　　装帧设计：视觉共振工作室

出版发行：时代出版传媒股份有限公司　www.press-mart.com
　　　　　安徽文艺出版社　www.awpub.com
地　　址：合肥市翡翠路1118号　邮政编码：230071
营 销 部：(0551)3533889
印　　制：天津海德伟业印务有限公司　电话：022-29937888

开本：889×1194　1/32　印张：8.875　字数：200千字
版次：2011年10月第1版　2021年5月第2次印刷
定价：35.00元

译者序　巨人中的巨人达·芬奇

达·芬奇（Leonardo da Vinci，1452—1519），与米开朗基罗和拉斐尔一道，被誉为“意大利文艺复兴三杰”。只要提到达·芬奇的名字，人们马上就会联想到他的《蒙娜丽莎》*（Mona Lisa）*和《最后的晚餐》*（Last Supper）*，想到他作为艺术大师的历史地位。

绘画方面的巨大光芒，掩盖了他作为科学巨匠的成就，事实上达·芬奇在光学、解剖学、透视学和天文学等自然科学方面，都有过超越前人的思考。他是世上第一位将科学与艺术结合起来进行缜密思考的人。在文艺复兴时期，足以和神学对抗的是科学，正是达·芬奇的这些思考对欧洲绘画产生了意义深远的影响。

世上有一种未完成的美，《米洛的维纳斯》和舒伯特的《未完成交响乐》，是举世公认的例子。达·芬奇一生追求完美，真正完成的艺术作品少之又少，大多数作品始终处于未完成状态。他在米兰创作的《最后的晚餐》曾反复修改，以至于后期工程进行时，前期敷上的颜料都开始脱落了。在佛罗伦萨创作的壁画《安加利之战》（*Battle of Anghiari*）则始终没有完成，后人经过现代仪器的探测，发现壁画下面有许多层被覆盖的不同画面，足见达·芬奇为艺术创作付出了多么巨大的心力。

同样未完成的，还有他的关于科学与艺术的文学笔记。这本《达·芬奇笔记》，是1651年由一位名叫拉斐尔·杜弗里森

《安加利之战》丨鲁本斯根据达·芬奇画稿仿的素描

（Raphael Dufresne）的法国出版商，根据笔记手稿整理出版的。原来的笔记手稿非常随意，有五千多页，其中半数以上写在凌乱的稿纸上，没有排序，也没有编码，有的甚至是作者用左手从左到右写成的反书——达·芬奇左右手都能写字作画——后人需拿镜子才能破解。这些笔记如今分别收藏在英国、意大利和法国的博物馆里。后人整理的笔记，表现的只是后人对作者的理解，未必会得到达·芬奇本人的认可，但读者可以通过这种方式，了解这些笔记的概貌。

笔记的原稿无所不谈，中间往往不连贯。同一页稿纸上，开头说的是天文，或者某种大自然的现象，接下去谈的却是声音的原理，往后说到的又是色彩，许多文字写在稿纸边缘的空白处。然而正是这些即兴发挥的议论，却闪耀着真知灼见的光辉，给后人以无穷的智慧启迪，反映出在那个思想活跃的年代，达·芬奇的诸多观点，已经达到了何等高深的境界。

达·芬奇在1483年致米兰大公的信中，说自己战争时可以发明武器，和平时可以建筑宫殿，同时还擅长医学、音乐、戏剧和绘画。而《达·芬奇笔记》里的内容，印证了他的那些说法绝非子虚乌有。我们都知道，文艺复兴时期是一个产生巨人的时代，翻开他的笔记之前，让我们先来看看，人类历史上少见的“全才”——达·芬奇在世上还留下过什么轨迹。

他精研过人体解剖学，提出了很多相关比例和数据，比如：“任何人，三岁时的身高是其成年后身高的一半”；“人的脸长与手长相等”，也等于“从肚脐到生殖器的距离”，“是身高的九分之一”；“跪着的人，身高会损失四分之一”。

达·芬奇自画像

他研究光与影，提出“阴影是光明的减弱，也是黑暗的减弱”，“阴影最深的是黑暗，最浅的是光明”，种种论述，无不饱含诗意和哲理。

他非常重视透视学，认为“一个沉湎于实践而缺乏理论指引的人，就像轮船上失去轮舵和罗盘的水手，永远不可能确定他下一步将要做什么”，而“透视学就是绘画实践的方法指南和入门基础，离开了它，什么都画不好”。

他对天体、大气、光影、鸟的飞行、昆虫的活动等等，都做过种种细微的观察，并把这些观察融入自己的绘画中，从而把欧洲绘画推到了一个崭新的高度，他自己也因此而成为将科学融于艺术的一代巨人。

达·芬奇最后死在法国，有人说他客死异邦，是因为时局不好，比较落魄。还有一种比较有意思的说法，说的是比达·芬奇小23岁的米开朗基罗，是当局恶意扶持的竞争对手。矛盾最高潮的时候，甚至让他俩在同一座院子的墙上画画，造成同台竞技的现实效果。后来达·芬奇选择去法国，多少也有避开米开朗基罗的意思。

无论如何，大师与大师狭路相逢，一来说明当时人才之密集，二来也依然不能改变达·芬奇“巨人中的巨人”这一历史公论。想想看，一个人一生当中能有主、客观条件创作出数幅足以名垂整个人类历史的传世佳作，其创作过程所带来的欣悦一定无与伦比；再者，自己那么优秀，还随便就能找到捉对比拼的显赫对手，一点都不寂寞，这不是生逢其时又是什么？

米 子

2010年9月

《从达·芬奇到蒙娜丽莎的变形》丨美国丨丽莲·弗·施瓦兹

目录

达·芬奇

达·芬奇笔记

（意大利）达·芬奇　著

《蒙娜丽莎》局部 | 达·芬奇

第1章
概述

作者关于公布手稿的一些想法

1

借助某种机器，人可以在水下安然待上一段时间。我不想描述我在水下逗留的方法，也不想说明我能在不进食的状态下，在水下迁延多长时间。

我不会将这些研究公之于世，也不会泄露出去。原因么，就是为了以防万一，避免有些奸佞小人利用它们去实施海底攻击，毁损船只，把船和船上的人一块儿沉到海底去。

不过，有些方法无甚大碍，我仍然可以稍加透露，比如嘴里含住管子的一端，将另一端探出水面，用硬纸或软木加以固定，以便透气。

手稿的出版准备

2

如果你想致力于水流运动这门学科的研究，切记要将相关各命题的功用囊括进来，以保证这门学科不至于百无一用。

读者须知

3

不是数学家，勿读我的基本理论著作。

关于手稿的无序状态

4

这事始于1508年3月22日的佛罗伦萨，在皮耶罗·迪·布拉

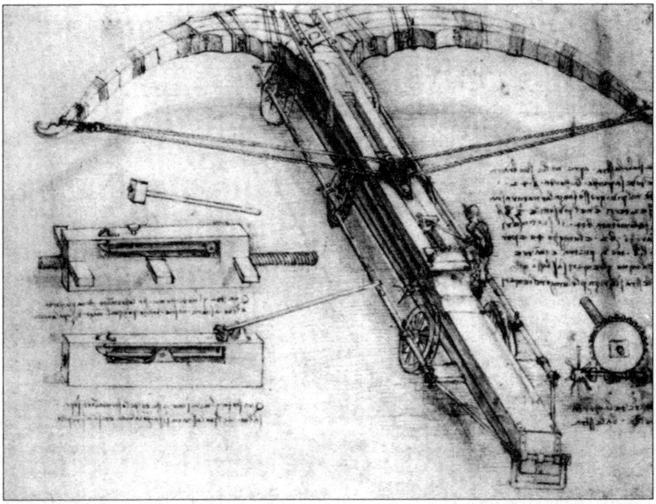

本图约完成于 1485 年，藏于意大利米兰安布罗杰美术馆。

《巨大弩箭设计图》 | 达 · 芬奇

肖·马特利家。

笔记来源于我在此地的抄录，是一页页积累起来的，不分先后顺序，想稍后分门别类再做归整。

不过有一点是确信无疑的，在完成这项工作以前，我不得不一遍又一遍地重复做同一件事，向读者诸君发出吁求：啊，亲爱的读者！请别责备我，因为学科浩繁，而记忆力又有不逮，不能随时警觉："这事我先前写过，不必再写了。"

如果我勉力要求自己不落窠臼，避免犯这样的错误，也就是说，每抄写一段话，势必都要做到不重复自己，那么我就得把先前写过的所有文字重新浏览殆尽。而且随着写作的深入，中间每间隔一次，需要重新浏览审阅的文字就会更多。

有关手稿详目安排的注意事项（5–7）

5

关于开凿运河这个问题，我将它放在笔记中有关实用类发明的章节，并会阐述该类发明所遵循的业已得到证实的理论。这样安排比较合乎顺序。原因在于，如果你有心展示一项计划是如何有用，你必然也得弄出相应的新设备来证实这种用途。而这样一来，势必就会打乱这四十本笔记及其图表的顺序排列。也就是说，那样做你就会把实践和理论混为一谈，弄出一部杂乱无章、语无伦次的书来。

6

我的书里沿用了一些前人已有定论的科学常理，我想我不必为此感到自责。

7

机械力学的章节应该放到实用类发明一章之前——不要忘记，你的书还要涉及解剖学领域！

有关绘画部分的概述（8–11）

8

我找不到什么特别有用而怡人的话题——在我之前，已经有人把它们都选走了——我就像集市上那个姗姗来迟的穷人，除了把别的买家看不上眼，觉得不值钱的玩意儿通通收罗起来，也别无他法。接下来，我会把这些被众人选剩的货色装进我简陋的行囊，然后四处兜售。不一定要在大都市，凡俗的穷市镇也可以呵，价钱么，跟我卖的那些陶器一个价也就值了。

9

我知道有很多人都会对我的著作嗤之以鼻，这些人就像德米特里厄斯[1]，声称他们言谈间的语气和下体排放的气流这二者完全没什么两样，不值得他们过多关注。这是些一门心思追求物质财富的主，根本欠缺唯一而真实的精神食粮：智慧。就像灵魂的价值胜过肉体，灵魂所拥有的东西也远远高过肉体占有的财富。所以通常情况下，我只要看见这一类人的手里拿着我的著作，就会纳闷：他干吗不学猴子的样儿，将它凑到鼻子跟前去嗅嗅呢？

1　此人具体是谁已经不可考证，可能是和作者同时代的一位普通人，也可能是作者的笔误，或是特地话里有话，隐藏真意。

《女子头像》| 达·芬奇

或者哪怕来问问我，这东西是否好吃也成呀。

我充分意识到，不光文艺界人士，就连某些妄自尊大的人，也会振振有词地责备我，坚称我是个外行——多么愚蠢的人啊！他们难道不知道，我会像马留[1]反驳罗马贵族那样驳斥他们吗？我会说，他们利用别人的劳动，往自己脸上贴金，却不允许我有自己的见解。不过有一点他们的确不明白，我研究的课题是通过实践而不是空谈来论证的。实践是所有妙笔生花者的主宰，基于此，我会在所有实例中倚仗实践这个方法。

10

虽然我不会像有些人那样引经据典，可是我能够仰赖的东西更加尊贵——那就是实践。实践是万物的主宰。那些衣着光鲜的人儿，四处吹嘘，夸夸其谈，可是对于别人的劳动，他们却坐享其成。所以他们也不会允许我有自己的见解。他们觉得我只是个发明家，对此很是不屑一顾，可就是这些人——自己不是发明家，却依赖别人的劳动来吹嘘度日——才更应该受到谴责。

有的人是自然与人类之间的发明家与阐释者，有的人却只知道靠别人的劳动来夸夸其谈。两者对照，就像镜前物体与镜中影像一样，只有物体本身才是实在的、首要的，它的影像则什么也不是。某些人对自然造化很少感恩戴德，多亏他们有幸生成了人的模样，否则，将他们归为兽类大概也行得通。

11

许多人会认为，他们有充足的理由责难我，因为我的论据和

1　马留（Marius,公元前155年–前86年），古罗马大将。

《八张怪脸》| 达·芬奇

图中的八张脸非常怪异，其中四张怪异到了荒唐可笑的地步，夸张，实在是夸张。看来达·芬奇这个艺术家除了兼有科学家的庄严之外，还有诙谐的一面。

那些地位尊显的人们所持有的凭空臆断的典据背道而驰。他们毫不顾念我的著作是开门见山的实践的结果。而实践是一种真理，其规则尺度足以使你去伪存真，也就是说能助人发现事物的可能性和分寸感，而不是囿于无知。无知没什么好下场，只会使你在绝望的驱使下与忧郁妥协。

有关绘画部分的写作设想（12–14）

12

透视学的三个学科

一、研究物体随着视线的延伸，外形逐渐缩小的原因；二、研究物体随着视线的延伸，色彩逐渐变化的方式；第三点也是最后一点，如何解释画中物体为何越远越模糊不清。这三个学科分别被命名为：线性透视、色彩透视和隐形透视。

13

有关绘画和透视学

透视学运用到绘画中，分支有三：一、关于不透明物尺寸的缩小；二、同一不透明物外轮廓线的减缩；三、远处色彩的减弱和消失。[1]

14

书中有关绘画的部分

绘画的第一要义，就是展现所绘对象的鲜明形态。至于该对

1 这种区分方法与前面“12”所述内容比较相似，事实上，两则笔记中间，作者搁笔不写的时间跨度大约有二十年。这个实例有一定的比较意义，也验证了作者在第“4”则笔记里的担心。

象周围远近不同的场景，处理时则必须体现出画面前景在垂直平面上的三种透视状态：物体形状、大小和颜色的缩减。这三种透视效果，第一种是由于人眼的结构造成的；其余两种，是由充盈在人眼和人眼所见物体之间的空气所引起的。绘画时要注意的第二个要点，就是适当调整人物的形态、动作，以免画中人物看上去都像同胞兄弟。

书中有关绘画的实用知识

15

这些法则只适用于对绘画对象外形的修改。每个人在初执画笔时，都会犯这样那样的错误，并且茫然而不自知，无法自我订正。而你一旦知道你的错误，就可以修改你的画作，发现错误所在并加以更正，且牢记在心，不再重蹈覆辙。不过，你如果在开始绘画时，就试图以修正和挑剔的方法对待，事情就会变得没完没了，你的画作也将荆棘丛生。

既然良好的判断能力来源于清晰的认识，清晰的认识来源于合理的法则，合理的法则又是可靠实践的结果——而实践是一切科学和艺术之母，那么，这些法则将使你获得自如而可靠的判断。于是，你只要牢记我的法则，就可以得出自己的判断，借以评判一幅画作比例是否失调，透视、形体或别的任何方面是否精当。

理论知识的必要性（16–17）

16

光有实践没有理论指引的人，会犯哪些错误

《圣婴习作》丨达·芬奇丨威尼斯艺术学院藏

一个沉湎于实践而缺乏理论指引的人，就像轮船上失去轮舵和罗盘的水手，永远不可能确定他下一步将要做什么。实践终归要以可靠的理论为依据，比如透视学就是绘画的方法指南和入门基础，离开了它，什么都画不好。

17

一个画家，如果仅凭经验和自己的眼睛作画，不进行任何思考，其情形就像一面镜子，能照出面前的每件物体，却根本意识不到这些物体的存在。

眼睛的功能（18—20）

18

透视学概要——有关眼睛的功能

诸位看官请注意，我在这里要谈论的事，与我们祖宗的经验无关，他们只晓得努力去给灵魂和生命下定义。琢磨出来的那些东西，尽管在任何时代都能够凭实践得到清晰的验证，可是却以讹传讹，一代又一代蒙昧无知地流传下来。到了我们这一代，眼睛的功能大家已然熟知，无数的著述者也都给它下过定义，然而我凭一己经验发现，在这个问题上，众人只知其一，不知其二。

19

宇宙间万事万物，它们的形状、颜色、特征，全都汇总到人的眼睛这一个点上来，如此绝妙无比的一个点……啊，简直妙不可言！那里蕴藏着惊人的必然性——眼睛遵循着自己的法则，以最短的路径，竭尽全力为眼前的事物直接呈像。确实太妙不可言

《天使的跪姿衣皱习作》｜达・芬奇｜英国温莎堡皇家图书馆藏

了……

在如此狭小的空间里，眼睛能够复制并重整它所看到的图像。我将在解剖学的相关章节里，描述人眼所见图像的大小和眼球晶体呈像距离之间的比例关系。

20

眼睛的十大属性，全部与绘画有关

绘画牵涉到视觉的十大属性，眼睛凭此属性得以感知：黑暗、光明，体积、颜色，形状、位置，远和近，动与静。我的这本小书将把这些属性结合起来，提醒画家可以借助这些法则，用艺术去模仿自然，装点世界。

21

眼睛的应变能力

第一，瞳孔会随着投射到眼球上光线的增加，而成比例地缩小。

第二，瞳孔会随着投射到眼球上的日光（或别的光线）的减少，而成比例地放大。

第三，瞳孔放得越大，视觉捕捉并识别物像的能力就越发成比例地加强。这一点，在夜视动物身上也可以得到证实，比如猫、猫头鹰和其他鸟类，它们的瞳孔，会随着黑暗与光明的变更，而剧烈地放大或缩小。

第四，眼睛在户外强光下，观看同处于亮光下的房屋，房屋窗子后面是晦暗不明的。

第五，阴影下所有的颜色，都呈现出同等程度的晦暗。

第六，一旦所有颜色被放到饱满的光线下，其真实而本质的色调，不会流失。

22

视线的聚焦

如果把一件东西，放得离眼睛太近，就没法好好识别它的模样——这和一个人想要努力看清楚自己的鼻尖是一个道理。因此，大自然教给我们一个常识：想要辨认一个物体，至少得在物体和眼睛之间，留出人脸那么宽的距离，否则将无法看清。

单眼和双眼的视觉差异（23–35）

23

关于眼睛

当两只眼睛的视线以夹角形式指向一个物体时，物体会清晰可见，易于识别。

24

同一只眼睛观测到的物体，会时大时小。

25

处于运动中的观测者，观看静态的物体，通常会觉得该物体被赋予了动态，反倒是自己，好像静止不动了一样。

基于光线强弱的不同，图像大小的相对变化（26–33）

26

眼睛对鲜明物像的感知能力要超过对晦暗物体的辨识。原因在于，眼睛本身完全处在暗处，因此对同样黑暗的物像不易分

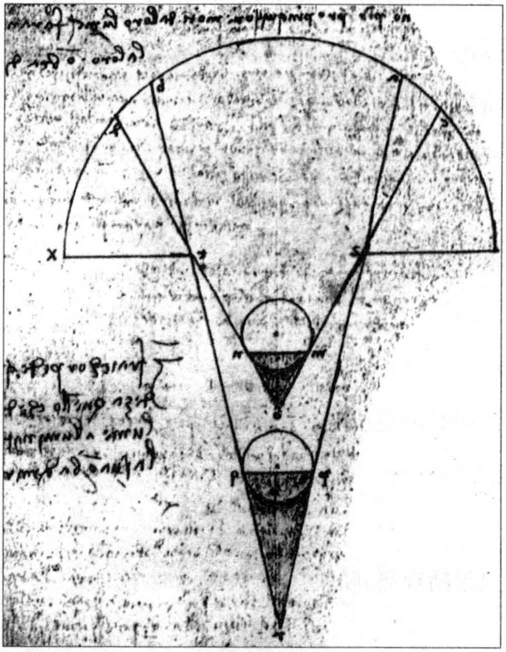

《光射示意图》丨达·芬奇

图上部文字：『所有的物体，依据其与光源距离的远或近，成比例地产生较长或较短的阴影。』图下部文字：『凡尺寸相同的物体，受光越多，产生的阴影越小。』

辨，比如在夜晚，人的视线会模糊不清，其他黑暗物像对眼睛的影响也一样。光线则完全相反，它极大地区别和中和了人眼惯常的晦暗，所以能使眼睛留下印象。

27

我们看到的同一件物体，在午夜时显得比正午大，上午时也显得比正午大。这是因为，我们的瞳孔在正午的时候，是一天当中缩得最小的。

28

瞳孔放到最大，看到的物体也最大。当我们观看明亮物，尤其是天空中发光的物体时，对这一点会有分明的体会。你从暗处走出来，眼睛乍见天空中的光源，瞳孔会先放大再缩小；而当你透过一个小孔观看这些光源，会发现它们变小了，这是你收缩的瞳孔在起作用。

29

人从暗处出来乍见光明，瞳孔会在第一个瞬间放大，后来经过逐渐适应，又会慢慢缩小。两只眼睛看到的发光物，比一只眼睛看到的更大、更明亮。眼睛如果透过小孔观察发光物，该物体的尺寸会显得更小。一个椭圆形的发光物，离眼睛越远，看上去越圆。

30

关于绘画

眼睛在户外亮处观看阴影中的物体，该物体会显得比实际情况还要暗。这是因为，眼睛在户外感受到的光亮越多，其瞳孔收

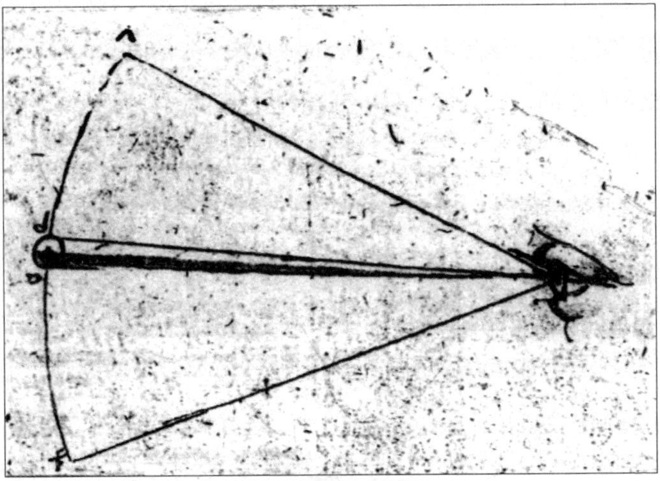

《光与眼》 | 达・芬奇

缩越剧烈，而瞳孔越收缩，所见物体的亮度便越小。可是人一旦走到暗处，会发现阴影中的物体不那么暗了。这是因为，瞳孔吸收的黑暗越多，瞳孔本身反而会相应放大，而瞳孔越放大，所见物体的暗度便越小。

31

关于透视学

人把视线从阳光下白色物体转移到室内稍暗处，会觉得看什么都是暗的。这是因为瞳孔刚受到明亮的白色物体的刺激，仍处于剧烈收缩状态。一收缩势必使表平面锐减，被削减的面积会超过四分之三，于是视力也相应减弱。

看我这么写，你一定会说：“那么天上飞着的小鸟视力一定更弱咯，因为它们的瞳孔小啊，连白的都可能会看成黑的！”关于这个问题，我的回答如下：“除了瞳孔的大小，我们还必须考虑大脑的分工，看看各种动物用于专管视觉的脑量究竟占大脑的几分之几。”

言归正传，人类的瞳孔根据周围物体或明或暗的变化相应收缩或放大，又因为瞳孔收缩或放大的过程都需要时间，所以无论是从明处到暗处，还是从暗处到明处，眼睛都会短暂失明。我以前不明白这种个别现象，在画眼睛时曾受过蒙蔽，现在再也不会故伎重演。

32

实验表明，瞳孔随着太阳和其他光源的移动而放大或缩小。天空越黑，星星看上去就越大，这时如果你点亮什么东西，星星就会

图中的大胡子柏拉图是以达·芬奇为原型绘制的。

《柏拉图与亚里士多德》丨意大利丨拉斐尔

变小。个中奥妙仅仅在于，你在眼睛和光源（星星）之间增加了另一个发光物，该发光物光线的变化会导致瞳孔的放大或收缩。

让我们来这样尝试一下这个实验吧：在你看到星星的同时，请将一支蜡烛高举过头，然后慢慢降低，直至烛光与星光在同一水平线上。这时你会发现，星星剧烈缩小，以至于几乎从你的视线里消失不见。

33

在户外，瞳孔会随着阳光的种种变化而放大或缩小。眼睛看到的同一物体，也会随着瞳孔大小的细微变化，显示出不同的尺寸。尽管在绝大多数情况下，户外物体的大小变化，由不得我们去一一丈量。

《男青年侧面像》 | 达・芬奇

第2章
透视学

有关透视学的基本评述（1–2）

1

关于绘画

透视学是绘画艺术的最佳指南。

2

透视艺术具有这么一种特质，概言之，就是创造平面的突出和突出的平面。

透视学原理——关于点（3–7）

3

透视学上的所有问题，都可以用五个数学术语来廓清：点、线、角、面积和体积。点只有唯一一种，它既没有高度、宽度、长度，也没有深度，所以被认为是不可分的，也没有任何空间向度。线有三种，直线、曲线和曲折线。线也没有宽度、高度和深度，除了长度以外，线也是不可分的，两点相连形成线，两线相交构成角。

4

点并不是线的一部分。

5

关于自然的点

自然界里最小的点也大过数学范畴里的所有点，这已经得到验证。因为自然的点是有连续性的，任何有连续性的自然点都无限可分，而数学上的点没有大小，不可分割。

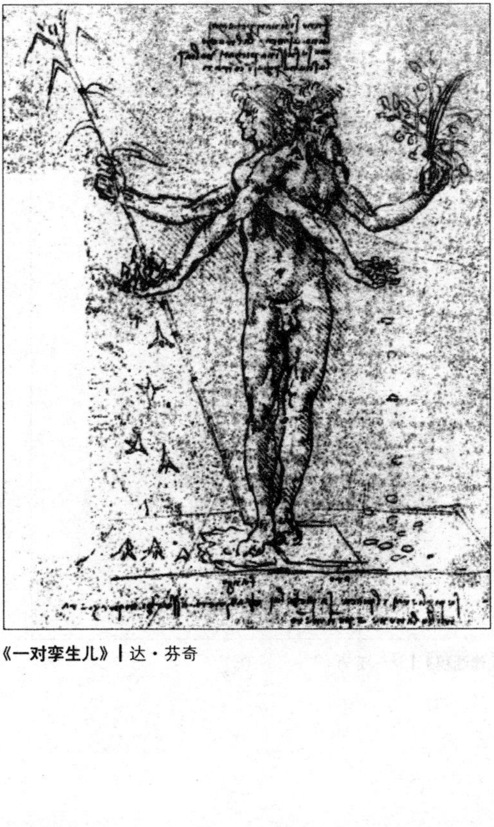

《一对孪生儿》| 达·芬奇

图上方文字：『快乐与痛苦是一对孪生儿，因为他们从不单独出现；他们似乎总是背靠背地在一起，而且彼此总是作对。』

《人像画稿》丨达·芬奇

6

一、面积是对物体的规定和限制。二、物体的表面并不是物体本身。三、物体的表面是另一物体的开端。四、面积既然不是物体本身，就什么也不是；既然什么也不是，就不占任何空间。

7

不可分割的点，不占任何空间。既然不占任何空间，就什么也不是。一个物体的表面，是另一个物体的开端。面积既然不是物体本身，就什么也不是。物体失去了表面，就没有了形状。两个相连的物体，一定有表面相交。物体的所有表面，都不是物体本身。

关于线（8–14）

8

关于线的属性的定义

线不是任何物，与其把线说成是一种实物，还不如把它叫做一种抽象概念。基于线的这种属性，它不占任何空间。所以无限多的线，都可以被当作点的延续。点没有向度，只有厚度——如果一根线也可以算作一个点的厚度的话。

9

为什么我们可以下结论说，一个面终止于一个点

角形平面会缩为一个角，然后终止于一个点。而且，如果这个角的边是直线的话，在这个角之外，沿着它的边又会产生另外的平面，这个新平面可以小于、等于或大于原来的平面。

10

轮廓的属性

确定形体的边界是绘画的起码要求，这个观点已经得到求证。理由是，形体的边界是一个面，但这个面既不是形体本身，也不是形体周围空气的组成部分，而仅仅是形体和空气之间的介质。然而，形体侧面的边界是形成该侧面边界的那条线，这条线具有无形的厚度。

所以，画家们请注意了，别只是用线来围出你想要画的形体，尤其在画远处的景物时，需要对所画对象作相应缩小、模糊处理。理由是由于距离的影响，不止物体的外轮廓会模糊不清，就连物体本身，都会难以分辨。

11

关于物体如何被眼球接收的求证

如果你先盯着太阳或别的光源看一小会儿，然后再闭上眼睛，你会发现眼里仍然还有太阳或那些光源的形象，这种感觉会持续很长时间。这就是图像被眼球接收的明证。

12

透视学

空气被照亮的一瞬，会产生无数形形色色的图像，眼睛犹如一个靶子、一块磁石，把这些图像统统吸引过来。

13

空气中充斥着纷繁的图像，那是光影中的物体历历在目。这些图像以无数锥形辐射开来，在空气中展现着物体的每一个面。每个锥形辐射面都由一束长光构成，该束长光又包含了无数个锥

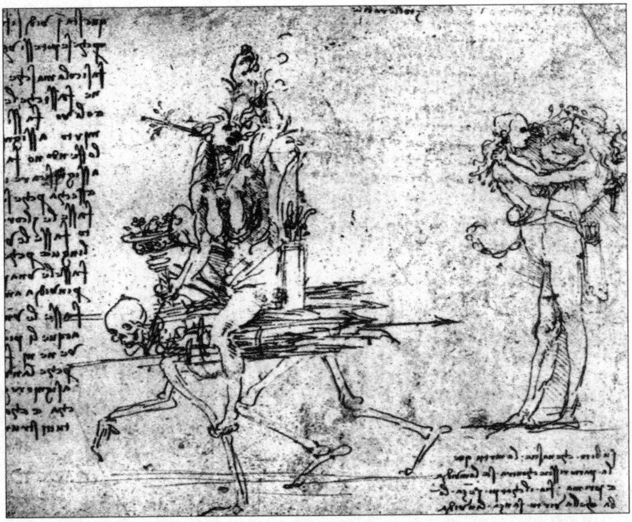

《嫉妒画稿》丨达・芬奇

本图中骑着骷髅的女子便是拟人化的嫉妒。图右下方的文字是：『一旦美德降临，必有嫉妒来世上对其进行攻击。一旦躯体不再有阴影，便只留下美德，不再有嫉妒。』

形。这些锥形目标一致，合而为一。

如果双眼的视觉辐射锥形等距，那么看物体的角度也相同；两眼在它们各自的点上观测同一个物体，会得出同样的尺寸。

充斥在空气中的无数锥形射线，由光影中物体的表面发射而来，留存于四周，物体越远，其锥形射线越尖。这些射线在空中相互交织分叉，永不混合，各自独立、辐合地穿过周围大气，散布开来。它们等质等量，以一当十，合而为一。

所以，物体的图像才得以在空气中以任何方向传播，而每个锥形在其任何瞬间截面上，都能够展示其物源的全部形状。

14

大气里充斥着存在于其间的物体所发出的无数锥形射线，这些射线彼此交织分叉，各自独立、辐合，互不干扰地穿过周围空间。它们等质等量，以一当十，合而为一。借此，物体的图像便能以任何角度散播四方，每个物体也能凭各自不同的角度感知其他物体的存在。

通过实验来证明（15–16）

15

透视学

空气里充斥着存在于其间的物体的无数图像；一切物体互相呈现彼此的存在，你中有我，我中有你，整体呈现局部，局部感知整体。

这就像将两面镜子面对面放在一起，第一面镜子必然映现在第二面镜子中，第二面镜子也会映现在第一面镜子中一样。第二

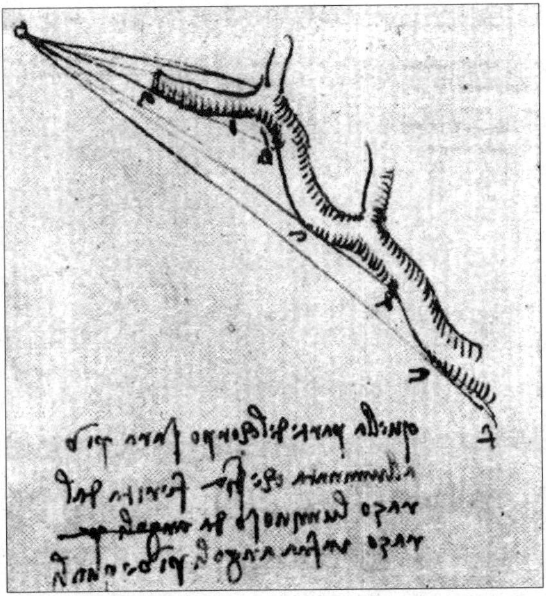

《光线与木枝》丨达·芬奇

图中有文字标注：『光线与物体成直角时，物体达到最大光亮度。』

面镜子除了照出第一面镜子本身的模样，还连同第一面镜子中的影像也一块儿照到，其中自然也包括第二面镜子的影像。以此类推，影像与影像叠加，它们互相映现直至无穷，每面镜子都映出另一面镜子，被映出的镜子全都比上一面稍小一号，就这样向镜子深处层层叠加。这个例子非常清楚地表明，每个物体都把它自身的图像发送到所有能看到它的地方；反之，同一个物体对它面前的所有图像也都照单全收。

由此可知，眼睛把它自己的图像透过空气传达给它面前的所有物体，同时也把这些物体的所有图像悉数接收进来。这些图像被“感官通汇”[1]吸收到眼球表面，经过鉴别，再将它乐于接纳的图像存进记忆。

我由此得出结论：就像物体把自己的图像传输给眼睛一样，眼睛也能把自己连同眼里的无形图像传输给物体。

一切物像都必须通过空气来传播，这里举例说明。把若干面镜子围成一圈，它们会彼此映现，直至无穷。当一个镜像传到另一面镜子那儿，该镜像会反射回原处，接着——经过图像的削弱——它再次传送，又再度反射，循环往复，直至无穷。

如果你在两个平面镜之间放上一个光源，让光源和每面镜子各相距一意尺[2]，你将在镜中看到，每面镜子里都会出现无数个光源，一个套一个，一个比一个小，直至无穷。

如果你在夜间把光源放到一间屋子中央，你会看到屋中墙壁上全部染上光影。墙壁接纳光线，光线落在墙上，如此循环往

1 达·芬奇在他的笔记中对“感官通汇”有如下解释：古代思辩家认为人的判断力受某个系统支配，这个联系着五官和知觉器官的系统，就叫做“感官通汇”。

2 意尺（braccio）：意大利长度单位。

《建筑设计图》 | 达・芬奇

复。当然，前提是屋里没有任何障碍物阻挡光线的传播。日光的传播更能说明问题。阳光普照，照亮每一个角落，把太阳的影像传达给它照耀的对象。

每件物体独自向周围空气传达自己的图像，其周围的空气能够同时接纳其间无数其他物体的图像。以上例子已经明确地证明了这一点。整个大气中，每件物体的整体状貌和局部细节都清晰可见。物体存在于整体，也存在于局部，观一叶而知秋，能举一而反三。

16

眼睛本身靠视线发射视力是不可能的。因为眼睛一旦睁开，可能引起这种发射的眼前区照理就必须触及物体，而这是需要时间的。

同样的道理，当眼睛想要看到太阳，不花上一个月的时间，视力恐怕也到不了太阳那么高的地方。假设视力真的可以触及太阳，也就是说，眼睛就必须以恒久不变的视线，一以贯之地保持着它与太阳之间形成的那个以眼睛为顶点、以太阳为底的扩散的锥形体。

既然这样，如果眼睛看到世间万象，视力在发射过程中就免不了自身的消耗；又假如视力就像香氛那样可以四处传播，那么风势必会改变它传播的方向，把它吹到别的地方去。然而实际上，我们看见太阳和看见一意尺以外的物体一样快，而且视力既不受风吹的影响，也不受其他任何因素的干扰。

《人体跪姿衣皱图》丨达·芬奇丨美国普林斯顿大学约翰逊展览馆藏

用暗箱原理来阐释眼睛的功能

17

如果眼前物体将其图像传给眼睛，眼睛也能将自己的图像传给该物体。发自物体的图像在传输过程中，不会因眼睛或物体方面的任何因素而造成丝毫流失。因此我们宁愿相信，大气中一切物体图像的流失，是因为大气本身具备吸收图像的本性和能力，而不是物体自身在向空中传输图像的过程中造成的。

如果眼前物体将其图像传给眼睛，眼睛同样也会将自己的图像传给该物体，由此看来，好像这些图像是从其本体身上分割下来的一部分。果真如此的话，我们将不得不承认，每件物体由于不断向周围空气发送图像，都将迅速变小。

也就是说，整个物体既存于整个大气之中，也存于大气的局部中；所有物体存于整个大气，也存于大气的局部。值得一提的是，大气能容纳物体所发射出的各种图像的辐射直线。从这一点似乎有必要认为，充盈在物体间的大气，具备磁铁的属性，能把身边物体的图像一一吸引。

求证放在某一特定位置的物体，是怎样无处不在，又是怎样整体存于局部

我认为，如果在一幢被阳光照耀的建筑物——要么是任何一块开阔地或是田野——的正对面，有一幢住宅，再比如，你在这住宅正墙背光的一面凿个小圆洞，那么，所有明亮的物体都会将其图像清晰可见地透进圆洞投射到与正墙相对的另一面墙上。当然，事先需要把墙刷白；而且，实际上这些图像的投影全都上下颠倒。如果你在同一面墙上凿开好几个小洞，从每个洞得出的结

《两个侧面像》丨达·芬奇

果也都是一样的。

由此可见，明亮物投射的图像在这面墙上是无处不在的，连墙上最细微部分也存在着这些图像。正如我们已清晰了解的道理一样，圆洞使光线透进上述住宅，而光线来自一个或多个明亮物。如果这些物体具备不同颜色和形状，组成其图像的光线也必然形形色色，而这些情形都会如实投影在墙上。

光线入眼后的折射现象（18—19）

18

物像向眼睛发送的射线，在到达眼底视点以前，并非以直线的方式传播。

19

假设眼睛明辨物体的视点位于眼内，图像发出的直线到达眼球表面后，会因为空气和眼球这两种介质或稀薄或浓厚的区别，而发生折射现象。就像人在水下的情形一样，你从水下看上面空气中的物体，会觉得它们好像移了位；同样，如果从水面上空看水下的物体，也会得出同样的结论。

光线的交叉（20—25）

20

图像的倒置

一切物像从外部开阔空间透过玻璃窗进入室内狭小空间，都会投影在对面墙壁上；外部开阔空间里从东向西移动的一件物体，会在室内狭小空间的对壁上映出相应移动的影像。

《奔腾的河流》| 达·芬奇

21

无数图像发出的无数射线如何汇聚于一点：一切线既无宽度也无厚度，它们能够彼此无碍地聚于一点；同样道理，一切平面发送的图像也能够聚于一点。一个特定的点与一个物体两两相对，物像发出的射线经过收缩得以穿越该点，在点的另一边交叉再生，重新扩张还原为物像原来的大小。但是这个重新生成的影像如前所述，是上下颠倒的。由此可知，当物像穿过极薄物上的小孔，会发生射线交叉现象。

22

有个实验可以证明，尽管瞳孔不发生位移，它所看到的物体却好像挪动了位置一样。

在你眼睛下方一定距离以外放上一个物体，双眼盯住它，然后用一只手稳稳撑开上眼睑，同时另一只手将下眼睑往上推——记住，双眼要一直不断地盯在物体上——这时你会发现，该物体变出两个图像，一个仍留在原处，另一个随着手指向上推挤下眼睑的方向，移到了相反的位置。有人说，这是因为眼睛瞳孔发生了位移，这个观点是多么错误啊！

23

简单透视是指，透过垂直玻璃平面观察物体，物像的各个部分与眼睛等距。复杂透视则是指，利用地平面观察物体，物像的各个部分与眼睛距离不等。

24

如果物体的各边界与眼睛距离不等，眼睛永远不可能看清该物体的本来面目。

25

为什么物体离眼睛太近时会模糊不清

把眼前物体挨近眼睛，该物体的形象会变得模糊难辨。同样，把物体移至一盏灯前，灯前投影会变得大而模糊，其情形就像眼睛对物体的辨认一样。在线性透视的所有个案里，眼睛都扮演着与灯光相同的角色。这是因为，眼睛的主视线会随着距离的延伸而扩张，它对远处的较大物和近处的较小物有着相同的识别能力。

但是，由于眼睛向视觉对象释放大量的射线，射线形成的锥体边缘离该对象中心点如果远到极致，眼睛就会丧失观察的准确度。这就意味着，如果一个物体以不当距离过于挨近眼睛，视线就会失去辨别物体轮廓的能力，于是物体轮廓陷入失去辨别能力的视线的包围当中。这对眼睛功能来说，就像让一只狗去追某样东西，却永远不让它得逞一样。在这种情形下，视线并不会吸收物体图像，只是在不堪其累时，主视线会游离于物体之外。所以，物体的轮廓这时看上去是模糊不清的。

物体大小与距眼远近之间的关系（26–29）

26

如果采用相等的观察角度，身边小物与远处大物看上去会是一样大。

27

极远处的大物，看上去也会比近处小物更小。

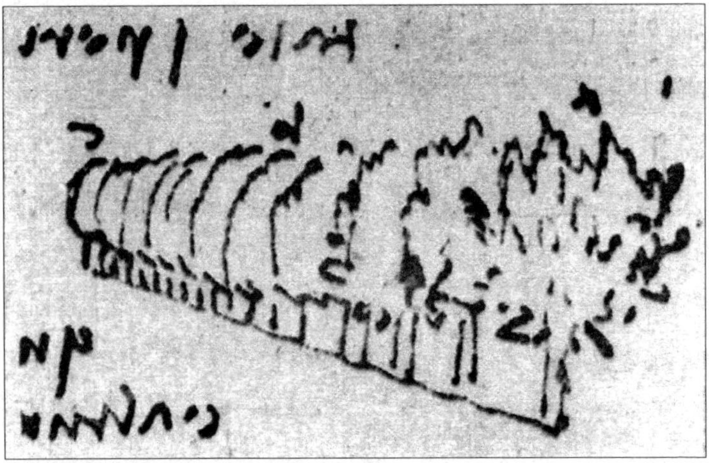

《树木的透视》丨达・芬奇

28

尺寸相同的几个物体，离眼睛最远的一个显得最小。

29

如果眼睛能透过一个正方形看到另一个正方形，也就是说第一个正方形离眼睛近，而第二个离眼睛远。在这个前提下，如果第一个的实际尺寸小于第二个，那么这个小号正方形看起来倒像是能把大号正方形围在中间一样。

命题：物体无论多大，只要置于远处，就有可能被前面距眼睛更近、尺寸更小的物体遮蔽或包围。

这个命题可以通过实验来证明：如果你透过一个小孔观察世界，会发现它无所不包，许多大物，似乎都被小孔边缘括在中间。这时你将小孔堵住，虽然堵住的只是小小的一孔，却连最大的物体，也立即从视野里消失了。

《海马的习作》丨达·芬奇

第3章
光与影

绪论

1

首先是理论阐释，然后才是实际操作。先描述不透明物上的光与影，接着再谈透明物。

关于光影部分的写作提纲

2

导言

光被遮断形成影。我认为影子在透视学上是至关重要的。原因在于，如果没有影子，不透明固体将变得界线模糊。除非以不同色调做背景，否则该固体的内部轮廓和外部边界都将无法看清。

所以，我的第一个有关影子的命题就是要陈述，每个不透明物都被光影包围着，其整个表面也被光影覆盖着。光是就这个命题，我就可以写完书的第一卷。

此外，阴影本身具备不同的暗度，因为阴影是由光线变量缺席造成的。又因为这些阴影是与物体密不可分的原初阴影，我把它称之为“原始阴影”。关于这一点，我会把它写成第二卷书。

从原始阴影那儿又会产生某种影子射线，它们漫射到空中，其特性随其源头——原始阴影的变化而变化。因此我把这种阴影称作“衍生阴影”，它是由原始阴影衍生出来的，我会在第三卷里着重来谈。

这些衍生阴影中途被各种各样的物体拦截，产生什么样的效果，取决于它们被拦截的位置的异同。关于这个，我会在第四卷

《坐姿衣皱习作》｜达·芬奇 ｜巴黎卢浮宫藏

里作出陈述。

衍生阴影周围，在它所能投射到的范围内，常有光线加入进来。衍生阴影便和这光线一起反射回衍生阴影的源头——原始阴影处，这反射线于是便与原始阴影会合，多少改变了原始阴影的属性。这一点我会把它写成第五卷。

除此之外，第六卷我将致力于研究各式各样的反射线及其差别。这些反射线对原始阴影的颜色会有或多或少的改变，此改变取决于反射线来源的差异。

第七卷将要陈述的是，反射线从源头到落点距离的长短，会影响它在不透明物上投影的颜色深浅。

不同原理和计划

3

先谈谈从窗外透进室内的光线，我把它称之为“有限光”；然后谈户外的光线，我叫它“扩散光”。最后我会专门谈发光物的光。

关于绘画（4–6）

4

眼睛能看到光影的情形有三：一、光源和眼睛共处于物体的同一边；二、物体在中间，光源和眼睛各在一边；三、光源和眼睛都在物体旁，从物体分别到光源和眼睛之间的连线相交成角。

5

还有一点值得研究，那就是处在眼睛和光源之间的物体，其

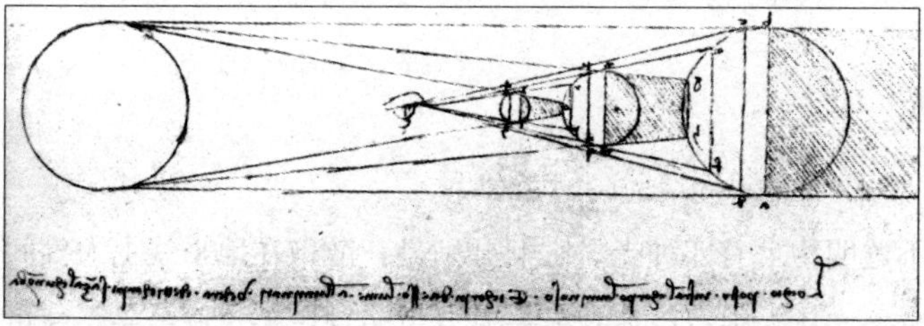

《光与阴影》 | 达 · 芬奇

图中的文字为：『当视线处在发光体和被其照亮的物体之间时，这些物体看起来就没有任何阴影。』

各个角度反射光线的特性各不相同。

6

不透明物上的三种光

第一种可以照亮不透明物的光，叫直接光——比如太阳光，或者来自户外的任何其他光线，火焰光当然也算在内；第二种为扩散光，也就是宇宙光，比如我们在多云或多雾的天气里看到的那样，诸如此类；第三种是弱光，无论早晨还是夜晚，等到太阳完全落山以后，就是这种弱光状态。

关于光

7

不透明物上有四种光。它们分别是：散布在地平线上大气间的扩散光；从太阳或户外其他光源发出的直接光；反射光；穿过半透明物比如亚麻布、纸之类的透射光。半透明物与玻璃、水晶或其他透明物不同，光线穿过透明物，就好像畅通无阻一样。这一点，我们将作充分讨论。[1]

对影子特性的相关说明（8–11）

8

光和影是什么

影子是由于不透明物遮断光线传播，引起光的缺席而造成的。影子具备黑暗的本性，而物体上的光则拥有发光物的本性。

1　此则内容在上文第“6”则基础上又有扩展和丰富，鉴于作者写作间歇一般都不短，这也是其思想脉络发展的又一明证。

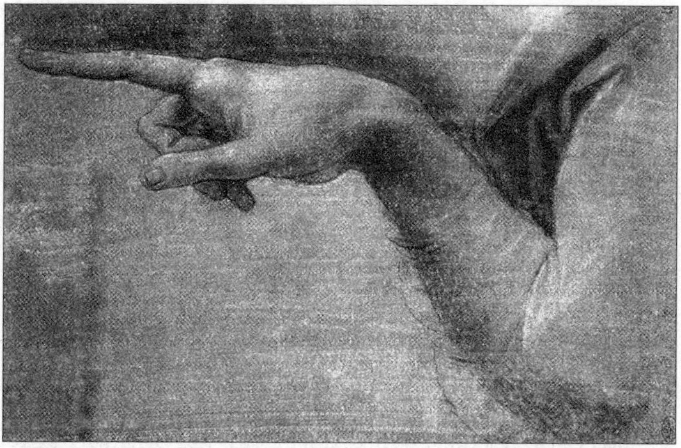

《手的习作》| 达 · 芬奇

它们一方收敛而另一方张扬。对所有物体来说，光与影总是相互依存，密不可分的。然而影子比光更为强悍，它能阻止并全面剥夺物体上光的存在，而光却永远也不可能把影子从物体，尤其是不透明物上完全赶开。

9

由于不透明物的介入，光线减弱变成阴影。阴影是光线被不透明物遮断而生成的副产品。

10

阴影是光明的减弱，也是黑暗的减弱。阴影介于光明与黑暗之间。

阴影的暗度可能无限加深，也可能无限变浅。

阴影的开头和终点介于光明和黑暗之间，可能无限减弱，也可能无限增强。阴影是物体展示自身形状的手段。

通过阴影我们可以感知物体的大致轮廓，却不能了解其内部细节。

11

阴影具备宇宙间一些事物的共性。宇宙间这类事物，都像阴影一样虎头蛇尾。这里所说的“头”与其形状和环境毫无关系，也无所谓它们是可见物还是不可见物。这并不像一颗小橡子从毫不起眼渐渐长成一棵茁壮的大橡树，情况恰恰相反，橡树刚刚出土的根部最为粗壮。

言归正传，阴影最深的是黑暗，最浅的是光明。所以，画家们请注意，越是靠近物体的阴影，越要画得深一些，不要让阴影

《亚诺河风景》| 达 · 芬奇 | 佛罗伦萨乌菲兹美术馆藏

忽然消失，而是要渐渐向光明过渡，仿佛没有止境。

概论

12

光明是黑暗的驱逐者，阴影是光线的障碍物。原生光照在物体上，产生光与影。衍生光从属于被原生光照亮的物体。原生阴影处在物体的背光面。

在半明半暗的地方，眼睛对物体形状的识别能力达到最佳状态。

关于光影的第一卷书

光与光泽的区别（13–15）

13

谈到光泽与光的区别，光泽并非颜色的一种，而是白色的饱和状态，湿润物的体表会产生光泽。

光裹挟着物体的颜色，或金或银，诸如此类，反射到眼睛里。

14

关于绘画

物体上的高光或光泽并不一定位于物体的正中，而是随着视点的移动而移动。

15

不透明物光洁表面上的光与光泽有什么区别

光处于稳固的不透明物光洁的表面上，不会随着视点的移动而

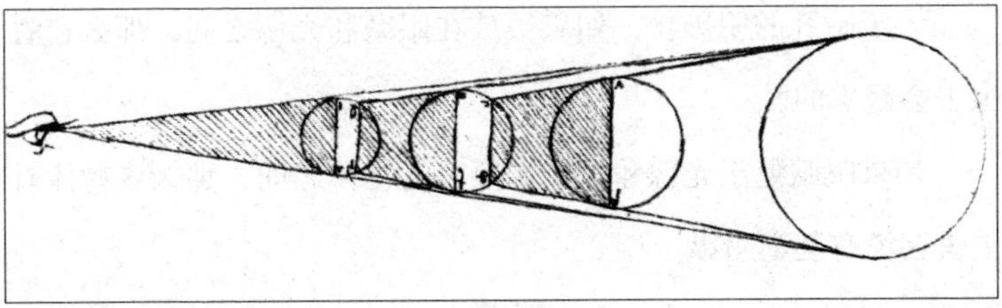

《光线与投影》|达·芬奇

移动。但反射光造成的光泽不同，同一个物体上的光泽，会随着视点位置的不同，在物体表面显示出一会这儿、一会那儿的改变。

什么物体有光而没有光泽

体表坚硬而粗糙的不透明物，其受光的一面从未有过丝毫光泽。

光影与视点位置的关系（16–18）

16

大于瞳孔的阴影物，如果被放在眼睛和光源之间，那么它看上去会是黑的。

如果眼睛处于光源和被光源照亮的物体之间，那么该物体看上去会没有丝毫阴影。

17

位于眼睛和光源之间的阴影物，从不向眼睛呈现其受光面，除非眼睛能看到整个原始光源。

18

处于光影中物体的不同表面

如果太阳在东边，你朝西边看，会发现所有物体都是亮的，没有半点阴影，这是因为你和太阳处于物体的同一边。如果你朝南边或北边看，会发现所有物体都半明半暗，因为物体无论受光还是背光的一面，你都能看见。如果你朝太阳所在的东边看，那么，所有物体都向你呈现出阴暗面，因为阳光照不到这一面。

《衣皱习作》| 达·芬奇

光的投射法则

19

关于绘画

物体正对光源（光线等角照射）的部分，会比其他部分更亮。

物体斜对光源（光线不等角照射）的部分，角度越小，光线越弱。

关于光影的第二卷书

阴影的亮度取决于它与光源的距离（20—21）

20

光源越小，物体的投影越大。光源越是靠近物体，物体被照明的比例就越小。反之，光源离物体越远，物体被照明的比例越大。

光源如果小于物体，那么它离物体越近，物体被照明的比例就越小；反之，越远则越大。但是，如果光源大于物体，情况恰恰相反，它离物体越近，物体被照明的比例越大；反之，越远则越小。

21

物体最接近光源的部分最亮。

光与影的比例（22—24）

22

不透明物身上影子多一些还是光多一些，取决于该物更接近阴暗物，还是更接近照明物。

《岩间圣母》局部 | 达·芬奇

光影兼具的物体比全是光或全是影的物体看上去更加立体。

23

处于光影中的物体，其完全在影子里或完全在高光下的部分，无论外部轮廓和内部形状，都模糊不清。只有那些光影兼具的部分，才清晰可辨。

24

专注的单一光源比散漫的扩散光源更能呈现物体的立体感。这就像一半照着太阳、一半遮着云层的风景，也会比处在大气扩散光里的景色清晰。

关于光影的第三卷书

衍生阴影的定义（25–26）

25

没有原始阴影，就没有衍生阴影。首先可以证明这一点的说法是：黑暗是光明的整体缺席，阴影既是黑暗的缓和，也是光明的缓和。阴影的或深或浅，取决于黑暗与光明相互改良的程度。

26

阴影是光明的减弱。

黑暗是光明的缺席。

阴影分两种，第一种叫原始阴影，第二种叫衍生阴影。原始阴影永远是衍生阴影的基础。

衍生阴影的边缘呈直线状。

衍生阴影距离原始阴影越远的部分，暗度越浅。

《岩间圣母》局部 | 达·芬奇

不同种类的衍生阴影（27—28）

27

阴影与光

阴影有三种形状。如果固形物的大小与光源相等，其投影就像一根无限加长的柱子；如果物体大于光源，其投影会像一个顶端被切去的倒角锥，该角锥同样无限加长；然而，如果物体小于光源，其投影就是一个有顶点的正角锥，好比月食的情形一样。

28

简单的衍生阴影

简单衍生阴影分三种情形：一种有一定长度，另外两种长度不定。有一定长度的阴影呈正角锥形。长度不定的阴影，一种呈柱状，另一种呈扩散状。这三种阴影的外轮廓均呈直线，但正角锥形的阴影，是由于产生该投影的物体小于光源；柱状阴影则是物体等于光源；而扩散状阴影，则是物体大于光源。

关于光影的第四卷书

投影的形状

29

任何各部分密度相当的物体，其投影形状永远也不可能忠实于原型。

30

物体只有在周身各点与光源等距的情况下，才有可能在与光线垂直的平面上留下忠实于原型的投影。

《岩间圣母》局部 | 达·芬奇

投影的外轮廓（31—33）

31

衍生阴影在最接近原始阴影的地方，轮廓最清晰。

32

衍生阴影距离原始阴影越远，其形状与原始阴影的差别也越大。

33

无休无止的阴影

光源和被它照明的物体越是不同，比如说光源越大，物体投影的轮廓就越模糊。

阴影的相应大小

34

最接近光源的物体投影最大，这是为什么

物体越是贴近一个光源，其投射在对面墙壁上的阴影也就越大；相反，你把物体挪得越远，墙上的投影也就越小。

为什么当投影大于物体本身时，该投影看上去会不成比例

大于物体本身的投影之所以不成比例，是因为光源小于物体，光线到达物体各部位不可能等距，所以，离光源最远的部位，其投影会比其他更近的部位显得大。

为什么大过物体本身的投影，会轮廓不清

一盏灯周围的空气，会染上灯一般的光色。空气离灯越远，越会丧失这种相似性。投影较大的物体靠近光源，它既被光源照亮，也被光源旁边的空气照亮，于是这种扩散光源赋予了其投影

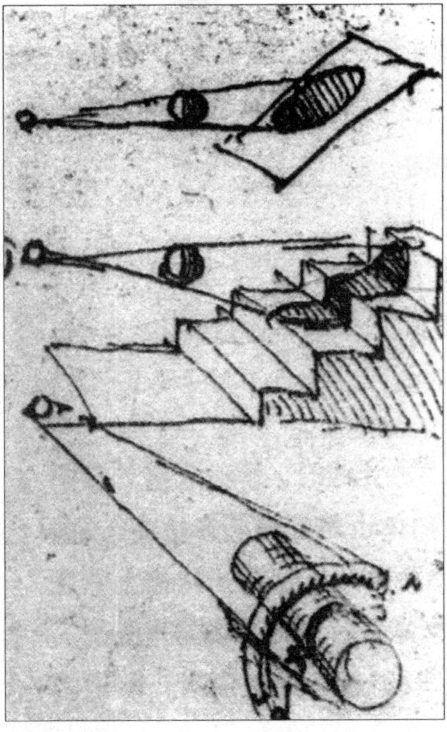

《阴影的形状》| 达 · 芬奇

轮廓模糊不清的特性。

背景色调对投影的影响

35

改良投影

改良投影指的是投射在明亮墙壁或其他照明物上的阴影。

背景越亮，影子越黑。衍生阴影在越接近原始阴影的地方，轮廓越清晰。

阴影面对黑暗物的部分会更黑，面对光亮物的部分，则没那么黑。阴影面前的光亮物越大，阴影也就越浅。

黑暗物的面积越大，它所截取的衍生阴影的起始部位就越黑。

关于光影的第五卷书

关于反射

36

反射

反射起源于具备明亮属性的半透明平面，光线落在该平面上，又被反射回来，就像球反弹回原处一样。

光线无法反射的地方

一切密实物表面都不同程度地分布着光与影。光有两种，一种叫原生光，另一种叫假借光。原生光是指火焰、阳光或大气本身具有的光。假借光就是反射光。

不过考虑到我先前叙述所追求的精确度，也许应该这样说，发亮的反射光并非来自物体朝向阴暗物的部分。所谓阴暗物，既有阴暗的场所，也有参差不齐的草地，或绿或秃的树林。以树林为例，虽然每一条树枝都朝向原生光源，分享着光照，但光凭单个树枝就能投下如此众多的阴影，更何况所有树枝。结果就是树影幢幢而光照寥寥。所以，这类物体不可能向其面前的物体反射光线。

水面的倒影（37–38）

37

透过水面的鳞波观察物体在水里呈现的倒影，会发现该倒影总是大于物体本身。

38

物体和它在水中映出的倒影不可能具备相同的形象，这是因为视点中心位于水面以上。

关于光影的第六卷书

小孔呈像（39–40）

39

透视

如果你让阳光透过一个星形小孔，那么你就会在光线落下的地方看到一粒美丽的星斑。

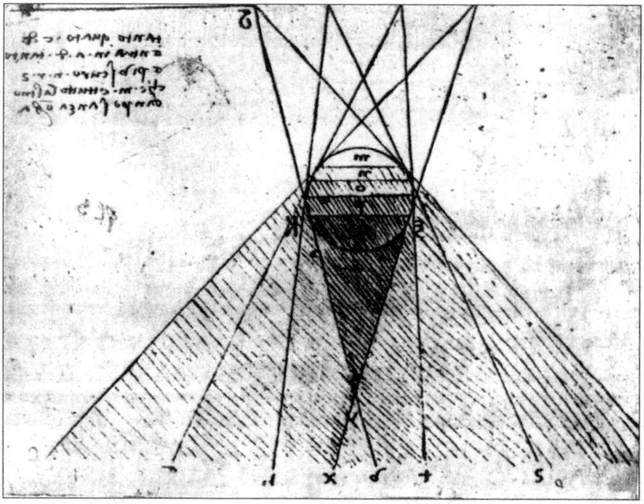

《阴影变化研究图》|达·芬奇

40

在一定距离以外，当发光物把自身真实影像投射给小孔，任何小孔都无法避免光线的集中传播。想让光线在不反映物像的前提下穿过小孔，这是不可能的。因为一切发光物所产生的影像，实际上都是该物体本身的投影。比如船形的月亮，如果穿过小孔投影到物体表面，其影子也必然是船形的。

阴影的渐变

41

在透视过程中，光与影的长度和宽度都会缩短、变小，但光与影的质量和数量却既不增加，也未减少。

在透视过程中，光与影的功能会有所减弱，其减弱的程度，视其对面前物体照亮或投影的质量和数量而定。

《圣母子草图》丨达 · 芬奇

第4章
隐形透视

定义（1—2）

1

不透明物轮廓清晰度的丧失

如果在很短的距离内，不透明物的实际轮廓也模糊不清，那就意味着，它会越远越模糊。由于轮廓是我们赖以认识不透明物真实形状的依据，我们既然看不清远处物体的整体概貌，也就更不可能看清其局部和轮廓的具体形象。

2

不透明物在透视过程中的形象缩减

尺寸相当的不透明物，其视觉形象的按比例缩减，视该物与观察者眼睛的距离而定，二者之间呈反比。也就是说，距离越大，该不透明物会显得越小，而距离越小，该物则显得越大。这是线性透视的基本原理。

于是可以推断：物体放得越远，它身上最小的部分就越容易消失不见。就拿马来说，因为马腿比马头单薄，马腿就一定会比马头先消失，同样的道理，马脖子也会比马身子先消失。因此我们得出结论：马身上最后剩下的可视部分，会是马的卵形甚或圆柱形躯干，而且按照上述原理，从视觉上看，此躯干的厚度会比长度先行消失。

如果视点静止不动，透视形象会消失于远处的某一点。但是一旦视点发生水平方向上的直线位移，透视形象的消失点也会连成一条直线。原因在于，我们视点的位移导致了该消失点的相对移动。因此可以说，视点的位移引起消失点的移动，而消失点的移动又引起上述直线的产生。

《马的草图》| 达·芬奇

一个实例

3

一切能被人眼感知的能见物，都有三个特性，它们是：体积、形状和颜色。物体在远处时，体积比颜色和形状都更容易被识别。另外，远处物体的颜色也比其形状好认，除非该物体是发光物。

以上命题可以通过实验来证明。

假设你身边有个人，你能看清他的准确身量、体形以至发肤的颜色；如果他走得远一点，身体的细节特征消失了，你会认不出这人是谁；如果他走得更远一点，你甚至连他发肤的颜色都无法辨认，但此时他仍然是远处的一个黑影；等到他再走远一点，黑影就会变成一个很小的圆点。之所以是圆点，是因为距离的遥远抹煞了他那些有着各种差异的局部细节，于是除了他那较大的身量，其他你都看不见。

对发光物而言，由于它在暗处会显得更亮，而眼腔像所有有色腔体一样会很暗，所以远处物体形象在耀眼的天光下会模糊而消失；如果说它们有一丁点能见度，其形象也是黑的、暗的，就像我们在大气扩散光里所能见到的一切小东西一样。

一条指导性原理

4

眼睛与能见物之间的空气

同一物体在同等距离之外，会时而清晰，时而模糊，其变化取决于眼睛与该物体之间空气的能见度。依我看来，眼睛与物体

《惊恐的男子》 | 达 · 芬奇

本图是为《安加利之战》的习作，约完成于 1505 年。

之间空气数量的或多或少，会使物体轮廓时隐时现。因此，随着物体与观察者视点之间距离的增加，我们应该将物体轮廓的清晰度按比例缩小。

一个实验

5

站在海上某个位置，等距离观察一边的海岸和另一边的山峦，会发现海岸比山峦显得更远。

近距离的模糊现象（6–8）

6

如果你把一个不透明物置于眼前四指宽的位置，又假如该物体小于双眼的间距，那么它不会干扰你对四指宽以外物体的观察。

只要不透明能见物小于双眼的间距，它就不能遮住视线对比它更远的物体的观察。

7

光线照射的角度越接近直角，物体表面就越明亮。阴影直射物体表面时，物体表面获得的光照最少。

8

极度接近眼睛的物体，轮廓极其模糊，这时把物体稍微移远些，其轮廓反而会清晰起来。小于瞳孔的物体，越接近眼睛，越不清晰。

《极具个性的老人头像》 | 达 · 芬奇

远距离的模糊现象（9—10）

9

同一物体，在近处会比在远处看上去更大。

同一物体，双眼看比单眼看显得更圆。

同一物体，处在半光半影状态下，形象最为鲜明。

10

关于绘画

我们对物体尺寸的实际感知，会随着距离的增加而成比例地缩小。

或明或暗的背景对物体视觉尺寸的影响（11—18）

11

阴影随着背景亮度的增加而成比例地偏深，反之，亦随着背景暗度的增加而成比例地偏浅。

12

普通透视

边长相等、浑然一色的物体，放到不同颜色的背景上，会显出边长有差异。

边长相等，杂然多色的物体，在同一背景上，会显出边长有差异。

背景色越多，物体颜色越杂，物体边长的差别也越大，哪怕该物体实际上边长相等。

13

暗物在明亮背景映衬下，会显得更小。

《施洗者约翰》|达·芬奇|巴黎卢浮宫藏

施洗者约翰本是男性，但是在本画中却很像一个女子。认为达·芬奇是同性恋的研究者常以此画为依据之一。此画约完成于1509年。版面油画。69厘米×57厘米。

亮物在阴暗背景映衬下，会显得更大。

14

关于光

明亮物被浓密的空气包围，会显得更小，就像云遮雾罩下的太阳或月亮。

等距离以外的几个明亮物，如果大小相当，亮度相等，背景最暗的一个则显得最大。

任何发光物，如果和眼睛之间隔着浓雾，那么它距离眼睛越远，就越小。其情形就像白天的太阳、晚上的月亮和其他恒定的光源。而一旦空气清澈，这些发光物则离眼睛越远，显得越大。

15

不透明物在高光环绕的背景下，会显得更小；明亮物在较暗背景的映衬下，会显得更大。这种情形可以凭观察雨夜闪电下楼房的高度而获悉。

当闪电来临的瞬间，楼房会突然变得矮了一截似的。同样的道理，雾中的同一座楼房，会显得更加高大；在夜里也比在空气明亮清新时显得高大。

16

阴影中的光

临摹物体时请注意，在对光照各部的层次进行比较时，眼睛一看到发亮物，常会上当受骗。原因在于，我们常常习惯于将相邻各部分进行比较。如果两个不相邻的部分具备不同亮度，其中稍暗的部分与暗处毗邻，而稍亮的部分有光亮的背景——比如天空或其他同等明亮的背景，那么稍暗的部分，或者我更愿意称之为发射光线能力稍弱的部分，看上去会亮起来，而稍亮的部分，则好像是暗下去了一样。

17

同等暗度的物体，被置于等距的远处，那么离地面越高的物体显得越暗。

18

求证：一定距离以外的发光物，比其本身看上去要大

将两支点燃的蜡烛，以半意尺的间距并列放置。然后走到两百意尺开外，这时你会发现，两支蜡烛仿佛合成了一个独立的光源，该光源的尺寸扩大，变成一意尺宽。

求证：怎样才能辨认发光物的实际大小

要想了解发光物的实际大小，就找一块薄板来，在上面挖个不超过鞋带末端金属头大小的小孔，然后将它尽量贴近眼睛。这时眼睛透过小孔，将看到上述发光物，该发光物周围有一圈空气环绕。然后快速将薄板在眼前前后移动，你将发现发光物一会儿放大，一会儿缩小。

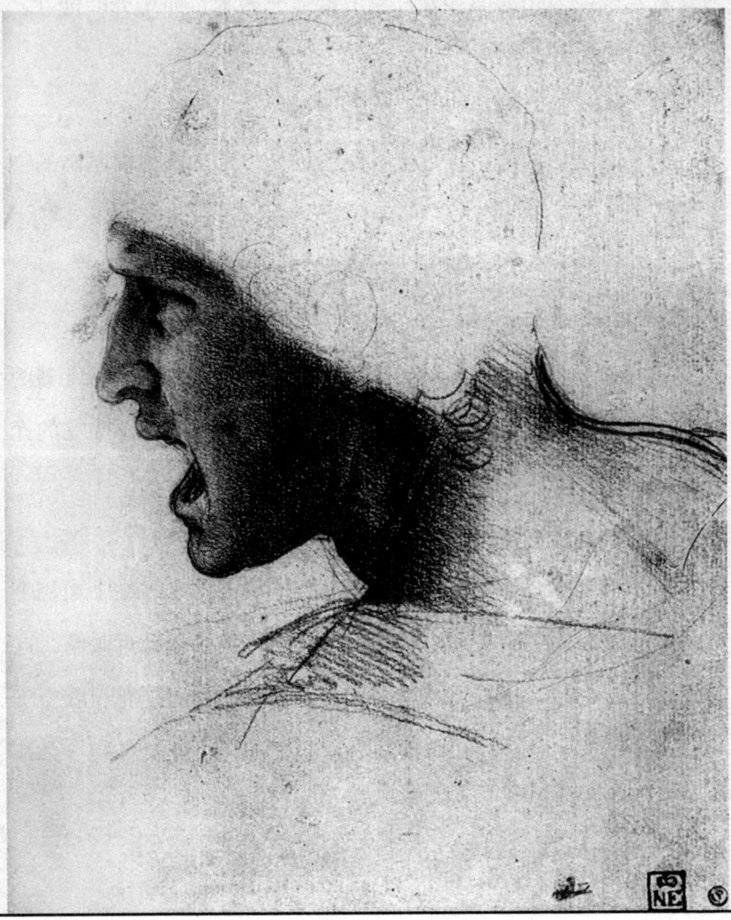

《呼喊的士兵》丨达·芬奇

第5章
色彩理论

相对排列的物体，其颜色的相互影响（1—7）

1

关于绘画

被照明物的颜色受照明物影响。

2

关于阴影

任何不透明物表面均受周围环境色彩的影响。

3

阴影总是受其拦截面色彩的影响。

4

镜中影像受镜子颜色的影响。

5

光与影

物体表面各部分色调，随当前环境所反射颜色的变化而变化。

举例说明

将一个球体放在各类物体之间，保证该球体的一面能够直接晒到太阳，球体的另一面朝向受光的墙壁，墙壁可以是绿色，也可以是其他任何颜色。而安放球体的平面假设是红色，球体的两侧是阴影。那么你将看到，球体原来的自然色会受到上述诸物的影响。最大的干扰来自太阳，其次是受光的墙壁，再次是那些阴影。当然还有一部分，会呈现边缘色状态。

6

一切不透明物表面，都受周围物体颜色的影响。但是，这种影响在程度上的强弱，成比例地受制于周围物体距离的远近和色

《男子侧面像》| 达·芬奇

彩的浓淡。

7

关于绘画

一切不透明物表面，都呈现出周围物体反射的色调。

光线将周围物体的影像投射到不透明物表面，投射角度越相等，该不透明物表面成像的色彩浓度就越发成比例地加深。

由于不透明物表面呈现周围物体色调，该不透明物表面越白，或是周围物体颜色越光明越亮敞，其呈现的色度越发成比例地加深。

照相机暗箱颜色的影响（8–9）

8

物体边缘的颜色比中央色泽更容易穿越小孔传播。

物体边缘无论什么颜色的影像，穿越小孔传入暗室，总是比物体中央部位色泽要浓。

9

瞳孔里的影像交叉

影像射线进入瞳孔，并不会在交汇的地方杂乱无章地混作一团。实际上，就像阳光透过两块紧贴在一起的玻璃，如果其中一块玻璃是蓝的，另一块是黄的，那么光线穿透这两块玻璃以后，决不会变成蓝光或黄光，而是一种漂亮的绿光。眼睛里的情形也一样，假如影像本身是黄的或绿的，它们进入瞳孔以后必然混合然后交叉。否则，没有交叉也就没有混合。

色彩属性

10

无论白色、黑色，均不透明。

色彩的级差（11–12）

11

画在白色边上的黑色，没有画在黑色边上的黑；而画在黑色边上的白色，也没有画在白色边上的白。

12

关于颜色

几个同等深浅的白色块，其中衬有黑色背景的一块显得最白；同样，衬有白色背景的黑色块显得最黑。

红色在黄色背景映衬下最为明艳。同样的道理，任何颜色在其对比色映衬下，色彩效果最为强烈。

色彩反射（13–14）

13

透视画法

任何物体，只要本身无色，或多或少都会被赋予面前物体的颜色，这一点可以通过实验来证明。镜子映出物体，同时也呈现物体的颜色。如果物体表面局部呈白色，它反射红色光就变成红色，反射其他光，则变成其他或明或暗的颜色。

一切不透明的无色物，都能呈现周围环境反射的色调，正如

本画约完成于 1490 年。板面油画。62.3 厘米 ×43.2 厘米。

《美丽的菲洛内尔》丨达 · 芬奇丨巴黎卢浮宫藏

一堵白墙的情形那样。

14

透视学

光影中的物体，向光的一面比背光的一面更能清晰迅捷地传达该物体的细节形象。

阳光投射在一面方镜上，会在远处物体上落下圆形反射光。

任何白色不透明物都会或多或少地染上周围物体的颜色。

暗色和亮色在绘画上的运用（15—17）

15

为什么色彩必须在高光下才漂亮

既然色彩的品质只有通过光线才能为人所知，那么便可以推断，光线最强的地方，色彩的品质也最为真实可感；而阴影最浓的地方，色彩被其阴暗调子干扰的程度也最大。所以，画家请切记，一定要展现色彩在明亮光线下的真实品质。

16

半黑半白的物体比任何其他状态下的物体形象更为鲜明，因此我想提醒一句，画家先生请你注意，尽可能地给你的人物穿上最为亮丽的服饰吧！这是因为，如果你让他们身着暗淡的服饰，一旦距离远了，其形象就既不突出也不显眼了。同样的道理，由于所有物体的影子都是暗的，你如果画暗淡的服饰，就不可能有多少光影上的变化；如果换成明朗的颜色，则能分出许多层次。

17

关于绘画

《使徒头像》丨达·芬奇

阴影中的颜色，会随着阴影的或淡或浓而或多或少地按比例展现自己的天然色泽。

然而如果把这同样的颜色放到采光良好的地方，它们会随着光亮的增强而成比例地明艳起来。

虹的颜色（18—19）

18

有关虹的论述，我把它放在最后一本《绘画论》里，但是之前要写的有关色彩的书，会论及色彩来源于其他多种色彩的混合，这样才能由画家们的色彩表现，来证明彩虹的颜色是如何产生的。

19

虹的颜色是否由太阳赋予

虹的颜色并不来源于太阳，因为很多情况下，即使没有阳光，也会出现虹。比如说，盛满一杯水，杯口对着眼睛，那么，粗糙的玻璃杯里就会出现许多小泡——此时，即使没有阳光，每个小泡的一侧都会呈现出虹的所有颜色。

你也可以在日光里将一只玻璃杯挨近眼睛，使杯子的一侧朝着窗户，能透进空气里的扩散光，另一侧朝着墙，能透进的只有墙的影子。那么无论左侧还是右侧，你都能看见虹彩的泡沫。这时，只要转动一下杯子，你就会看见杯中虹彩的泡沫在旋转。这一点我稍后还会谈到。

眼睛并没有参与生成虹的颜色

在刚刚提到的实验里，眼睛好像有份参与虹的颜色的生

本幅素描约完成于 1476 年。

《丽塔的圣母头像》| 达 · 芬奇

成。因为，如果不通过眼睛这个介质，玻璃杯里的泡沫也不会展现其色彩。然而，如果你盛满一杯水，把它静置于窗台，那么凭当前的位置，玻璃杯的外侧朝着阳光，你可以看见同样的彩色光斑透过杯子投射到窗下阴暗的地面上。在这个实例里，眼睛并没有出场，因此我们可以明白无误地断定：眼睛无份参与虹的颜色的生成。

某些鸟类羽毛的颜色

世界上有着多种多样的鸟类，它们在运动中亮出无比灿烂的毛色，比如孔雀，羽毛就很漂亮，鸭子或鸽子的颈脖也一样。

再比如，出土的古董玻璃表面，以及在井底或其他死水里埋藏一段时间的芜菁的根部，也会呈现出跟真的彩虹一样的色泽。当水面覆盖着一层油，或者阳光从钻石和绿宝石面上反射回来，我们也能看到彩虹的颜色。同样，透过绿宝石的多棱面观察大气或其他同等苍白背景下的暗物，会发现背景和暗物之间，充斥着虹的颜色。还有别的许多情形，毋庸赘述，对我来说，上述实例已经足够。

《老人侧面像》| 达 · 芬奇

第6章
色彩透视和空气透视

常规法则（1–3）

1

一定距离以外的物体，除了阳光直射的部分，我们不能辨别它有哪几种色彩。

2

与感知物体的颜色是一个道理，一定距离以外，我们也无法辨别物体阴影部分的层次差别。

3

色彩的能见度

什么颜色最鲜明？远处的物体，颜色最亮的，看得最清楚；颜色最暗的，最模糊。

一个例外

4

阴影的轮廓，有的朦胧模糊，有的清楚明晰。

所有不透明物均被光影包围，除非是有雾的天气，地面覆盖着积雪，或者雪落旷野，大地黯然无光。

不过这种情形只发生在球体上，其他形状——比如说另有分支的物体，其分支的侧面会与主体表面彼此映照，呈现出附属于主体的色调。

一个实验

5

所有颜色在一定距离以外会难以分辨，无法看清

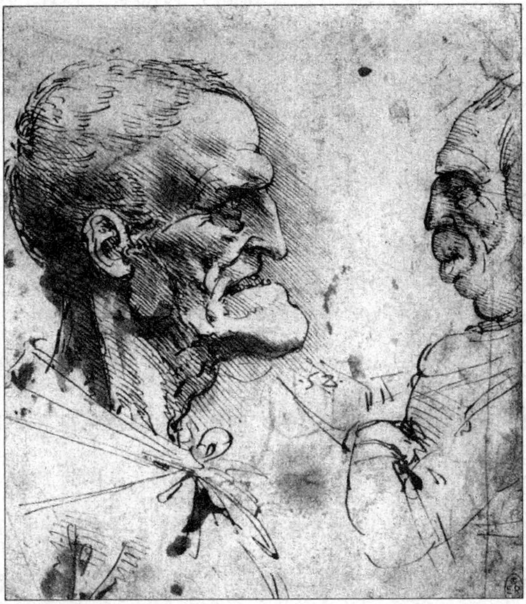

《两个怪异老人的头像》| 达·芬奇

所有远处的颜色，都会变成无法分辨的阴影。原因在于，任何不处于高光下的物体，并不能以高于本身的亮度，把自己的影像通过空气传达给眼睛，因为强光一定会吸收弱光。举个例子，当人在房间里的时候，只要开着窗户，墙上的所有颜色就会清晰可见。可是一旦我们从房间里出来，再隔着一段距离透过窗户往里看墙上的那些画，那么我们看到的将不是画，取而代之的是清一色浓深的阴影。

色彩透视实践

6

画家如何在实践中实现色彩透视

为了体验透视中色彩本性的变化和消减，观察风景中以一百意尺两两相距的物体，比如树、房屋、人以及某些特别的处所，然后在第一棵树前方放一块非常稳固的玻璃，同时保持视点的稳定不变。接着，就在这块玻璃上按第一棵树的形状描出一棵树来。

然后将玻璃挪到一旁，以至于那棵真树就像紧挨在你画的树旁边一样。于是按真树的样子给你的画上色，让两棵树形色相像。

这时闭上一只眼睛，就会发现，两棵树好像都画在同一块玻璃板上，与眼睛距离相等。

再用同样的方法，去画第二棵、第三棵树，每两棵树之间相距一百意尺。无论何时何地，只要你作画，就可以遵循这个准则和入门方法，这会令你在作品中准确估量远近距离。比如说，我就发现一个规律，如果甲物在乙物之前二十意尺，那么乙物的颜色只是甲物的五分之四那么深。

《受胎告知》| 达·芬奇 | 佛罗伦萨乌菲兹美术馆藏

本画约完成于1473年—1475年。板面油画。98厘米×217厘米。

空气透视（7–9）

7

空气透视

还有一种透视，我称之为空气透视。虽然远处不同的建筑物好像在同一条线上，我们却可以通过空气来分辨它们的远近距离。打个比方，如果我们在墙的那一边看见好几幢建筑物，它们看上去好像就在墙头，有着相同的尺寸，而你希望能在画中体现出它们各自不同的远近距离，那就在空气浓密程度上下工夫吧。

众所周知，透过空气看远处的东西，在空气密度相等的前提下、越远的东西，比如山脉，由于它和眼睛之间空气的量很多，而显得很蓝，蓝得几乎就是空气本身的色调。

因此，你必须把墙头所见最近的建筑物，按其本来的颜色描画，越远的就越模糊、越蓝。那些你希望看上去最远的东西，你就必须成比例地加深它的颜色，让它变得更蓝。也就是说，如果一幢建筑物有五倍那么远，就该让它有五倍那么蓝。根据这个原理，如果一排建筑物在某条给定的连线上看上去大小相当，要辨认它们当中实际上谁更远、谁更大，就很容易了。

8

眼睛与被观察物之间的介质，会使被观察物染上其颜色。就像远山看上去有空气那么蓝，红玻璃会使被观察物呈现红色，而星光则被眼睛和星星之间弥漫的夜色朦胧了光芒。

9

切记，色彩透视和所绘对象的大小变化不是一回事。这就是说，物体会随着距离的增加按比例丧失其自然色泽的明艳程度，也会逐渐减小自身尺寸。

空气的相关密度（10—11）

10

为什么越到低处，空气越应该画得苍白一些

由于空气密布于地表，离地面越高，空气越稀薄。太阳在东边时，如果你朝西面略偏南和略偏北的方向看，就会发现浓密的空气比稀薄的空气受光更厉害，这是因为浓密的空气对光线阻力更大。

正如你所看到的一样，如果天尽头是低矮的平原，要一眼望到天空的最低处，视线就必须穿过浓白的空气。而这一介质必将削弱天空的天然色彩，那么天尽头的天空看上去就会显得比你头顶的天空更白。因为视线到达头顶的天空，需要穿越的饱含水分的空气会更少。而当你把视线转向东边，低处的空气会显得很黑，这是因为，阳光要穿透低处的空气，并非那么自如。

11

绘画中对远景的处理方法

显而易见，空气越接近地平线，越浓密厚重；离地面越高，越稀薄透明。远处高大物的底部一般不易看清，这是因为你的视线所穿过的，是空气中浓厚的部分。而当你看该高大物的顶端时，虽然视线从眼睛出发，刚开始穿越的仍然是较浓厚的空气，可是一旦视线终止于高大物的顶端，那儿的空气会比其底部稀薄许多，基于这个原因，视线从眼睛这儿延伸出去，由这一端伸到那一端的过程中，空气会越来越稀薄。

《山》| 达·芬奇

因此，画家们请注意，画山时山脚比山顶更显苍白失色，而且山的位置越远，其山脚比山顶的苍白程度越发成比例地增加。所以，山越高的地方，你越应该将它本来的形状和颜色展现出来。

空气的颜色（12—18）

12

关于空气的颜色

我认为，人们所看到的空气的蓝色，并不是空气本身固有的颜色，而是由空气中微小而看不见的温暖的水蒸气微粒经过阳光的照射引起的。阳光投射在这些微粒上，衬着燃烧的火球内部及周围的黑暗，显出光明。谁要是登上法国与意大利的分水岭，阿尔卑斯山上的蒙波索峰，谁就能看到我所看到的景象。

蒙波索山山麓是四条河流的发源地，河水分别从四个不同的方向灌溉着整个欧洲。没有哪座山在山脚有这么高的海拔，整座山简直高耸入云。这儿很少下雪，只是在夏天云层最高的时候，会下冰雹。雹子落下来并不消融，如果不是一年中偶尔一次的云的起落蒸腾将冰层吸收，这些雹子积成的冰将会堆叠成灾。我在七月中旬看到的结冰景象已经蔚为壮观了。在我头顶是幽暗的天空，阳光照在山上，远比照在山下的平原明亮，因为山顶和太阳之间弥漫的空气比平原和太阳之间要少。

另外，为了解释空气的颜色，我将说一说老干柴的烟。这烟从烟囱里冒出来，如果有黑暗的背景相衬，看上去会很蓝。可是一旦烟向上飘，飘往光亮的空气中，立刻就会变成尘埃的灰色。

之所以这样，是因为失去了黑暗的底衬，换成了光亮的背景。

如果烧的是潮湿的新柴，烟就不会是蓝的。因为它不透明，含有过多的水分。这和浓密的云块像固体那样有着清晰的光和影是一个道理。空气的情形也一样，湿度过大的空气看上去是白的；少量湿热的气流看上去发暗，是暗蓝色。这一点对我们理解空气的色彩很有帮助。

也许还需要补充一点，如果说空气本来的颜色就是这种透明的蓝，则可以作此推断：无论在哪儿，眼睛和光源之间的空气越多，蓝色就越深，就像我们看见的蓝玻璃和蓝宝石一样，颜色只会随着玻璃和宝石尺寸的加大而成比例地加深。

然而实际情形恰恰相反，在上述情况下，眼睛和光源之间空气的量越多，空气本身显得越白。这是在眼睛冲着地平线的前提下发生的。眼睛和光源之间空气的量越少，空气越蓝得深。这一点尤其是在低矮的平原上可以看出来。由此可知，正如我所说的，由于空气中潮湿微粒吸收了太阳光线，空气呈现出蔚蓝色。

另外，我们可以注意到，当阳光透过小孔照进一间暗室，光柱里会有各种各样的灰尘、烟尘微粒，刚照进来的一段看上去是灰色的，后面的薄烟却呈现出最美的蓝色。同样，如果远山有浓重的阴影，那么即使山的最亮处最接近山本来的颜色，眼睛和阴影之间的空气看上去也会很蓝。

如果有人希望得到最后的证明，他可以在画板上画一幅画，用上各种各样的颜色，当中最强烈的是黑，然后在所有颜色之上覆上一层极薄且透明的白。那么他将看到，其他颜色之上的白色呈现出的蓝，要比黑色上呈现的蓝漂亮许多——但是请注意，这白色必须敷得很薄，色块也必须磨得很细。

13

经验告诉我们，空气必须有深色作底，才可以显出蓝色。假如你点燃的干柴冒出一缕烟来，阳光照在这烟上，你再在烟后太阳照不到的地方放上一块黑色天鹅绒，那么你就会发现，充盈在眼睛和黑天鹅绒之间的烟霭呈现出一种美丽的蓝色。

再比方你用白布那么厚的一层烟——太厚的烟会形成阻碍，太薄的烟又不能奏效——将那块天鹅绒换掉，同样会呈现出这种美妙的蓝色。所以说，适量的烟会呈现最美的蓝色。

水花激射，形成漂亮的喷泉和黑暗的水涡，再被太阳一照，也会产生这种蓝色光。如果这水，事先经过蒸馏，效果尤其显著，薄雾看上去是蓝的。我说这些是为了展示空气中的蓝色因其背景的黑暗而引起，有人不大信服我在蒙波索山上的实验，上述例子可以向他们展示这一切。

14

观测者衬着某种深色的空间或物体，察看从干柴上升起的烟，这烟看上去会是蓝的。这就是为什么天空看上去很蓝的原因，因为后面有黑暗。

如果你朝天边地平线上方的天空看去，会发现空气并不蓝，这是由空气的密度引起的。所以，如果你的视点距离地平线越来越高，当你抬头看天时，就会觉得头顶的空气蓝得越来越深，这是因为眼睛和大气外部的黑暗之间充盈的空气密度越来越小的缘故。

如果你登上高山之巅，将看到那儿的天空随着你和大气外黑

《山岩石》| 达·芬奇

暗之间所充盈空气的稀薄程度而成比例地变黑、变暗。这一点可以随着山顶高度的逐步增加，越来越得到验证。从理论上说，只要山顶足够高，我们总有可以看到大气外部黑暗的时候。

用最干燥的柴火可以烧出最蓝的烟来，附加条件是，这是离火源最近的烟，而且要有最黑暗的背景，还要有阳光照在烟上。

15

任何黑暗的物体，和人眼之间隔着越多明亮的气团，就越发呈现出蓝色，就像我们所看到的天空的颜色一样。

16

大气由于其外部黑暗的存在而呈现蓝色，黑加白会产生蓝。

17

早晨的雾，高处比低处浓密，这是因为太阳把雾气吸上去了。如此一来，那些高层建筑看上去，虽然楼顶、楼底与眼睛的距离都相同，但你看得到楼底却看不到楼顶。所以，头顶的天空颜色最深，而地平线的天边却不蓝，倒更显烟灰色。

大雾弥漫的天空一点都不蓝，只现出云在晴天里的那种闪亮的白色。而且，你越朝向西边，天色越暗，越朝东，越亮。田野的新绿在薄雾里带着一抹蓝，而在浓雾中就变成了灰色。

西边的建筑物只现出被太阳照亮的一面，其余各面均藏在雾气里。一旦太阳升起驱散了阴霾，山的东面就会明晰起来。看上去是蓝的，在消退的雾气里隐约笼着一层烟，而建筑物则半明半暗，光影相间。

在薄雾天气，建筑物只展现一点光，换了浓雾天气，则任何光都看不见。雾的运动会产生水平方向的分离，然后雾的边缘会

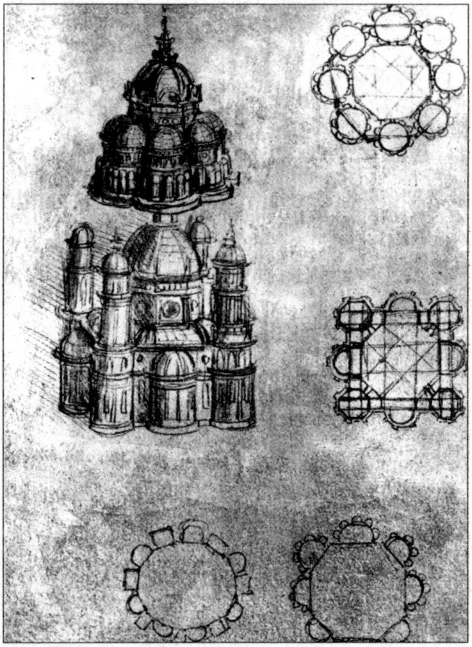

《集中式教堂设计草稿》| 达·芬奇

把蓝天映得朦朦胧胧，在朝着地面的方向，雾看起来就像尘埃在飞扬。空气密度越大，风景中城市的建筑和树木的数量就越少。这是因为，此时只有最高和最大的景物才看得清。

黑暗用自己的色调影响万物，越是与黑暗不一样的物体，我们就越能看到其真实而天然的色泽。山脉看上去很少，因为山与山之间只有相距极远，我们才知道它们并不相连；在那样一种距离下，空气密度增加到带来光明的程度，以至山的阴影被驱赶并朝山顶四散开去。较少的雾气在较低和较靠近山的地方，还有更少的一些雾几乎看不清，最少的那部分雾则朝山麓弥漫。

18

关于绘画

在一定距离以外，除了蓝色以外的所有颜色，最接近黑色的，看上去最蓝。最不像黑色的，反而能够最大限度地保持自己的颜色。

所以同样是田野，绿色比黄色或白色更能呈现出蓝色调，后者（黄色或白色）没有前者（绿色）那么善变，如果是红色的田野，色彩变化会更少。

《姬内瓦·德·彭奇》| 达·芬奇

第7章
人体的比例和运动

初步观察（1–2）

1

任何人，三岁时的身高是其成年后身高的一半。

2

人的身高如果只有两意尺，会显得太矮，有四意尺，又显得太高。适中最好，身高在二至四意尺之间，接近三意尺。所以画人的时候以身高三意尺为准，各部分比例我在下文将会给出。

如果你说我弄错了，并断定画人的最佳比例与我所说的不一致，我会这样回答你：你去找许多身高三意尺的人来，从中挑出四肢最为优雅的一位进行丈量就是了。

手的长度一般是三分之一意尺（一意尺等于八英寸），而且经证实手长是身高的九分之一。脸长也一样，是身高的九分之一。从喉头至肩头，从肩头至乳头，两乳头之间，以及两乳头分别至喉头的距离，它们全都相等。

头和面孔的比例（3–5）

3

唇缝至鼻根的距离是脸长的七分之一。

唇缝至下颌尖的距离是脸长的四分之一，同时也等于嘴巴的宽度。

下颌至鼻根的距离是脸长的三分之一，与鼻长相等，也等于额高。

从鼻子中部至下颌尖的距离，是脸长的一半。

从鼻子上端眉头处至下颌尖，距离是脸长的三分之二。

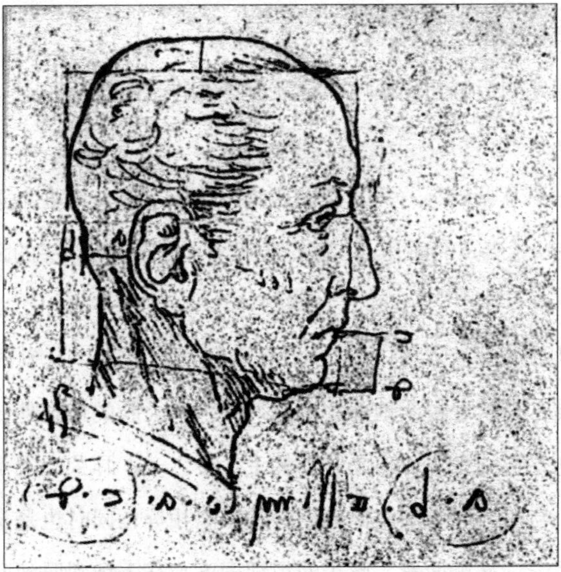

《头部比例研究图》| 达·芬奇

本图中的文字为：『ab等于cd。』

从唇缝至下颌顶部向下唇过渡处，这段距离是从唇缝到下颌尖长度的三分之一，也是整张面孔长度的十二分之一。整个下颌（下颌尖至下颌顶部）的长度是脸的六分之一，也是身高的五十四分之一。

从下颌尖到喉头的距离，等于从唇缝到下颌尖的距离，这段距离是脸长的四分之一。

从眉毛到后脑勺的厚度，是颈项厚度的一点七五倍。

4

从一只耳朵到另一只耳朵的距离，等于双眉交汇处至下巴的长度。在一张端正的面孔上，嘴的宽度等于唇缝至下颌尖的距离。

5

从头顶至下颌尖的距离，是身高的九分之一，从发根至下颌的距离，是从发根至地面距离的九分之一。脸的最宽处，等于从嘴巴到发根的距离，也是身高的十二分之一。耳朵上端至头顶的距离，与从下颌尖到眼睛输泪管的距离相等，同时也是身高的十六分之一。从侧面看，脖子的粗细程度与从下颌到眼睛间的距离相等，是身高的十八分之一。[1]

人脸的比例（6–7）

6

双目瞳孔中心的间距，是脸长的三分之一。双眼外眼角（即眼睛终止于眼窝的地方）之间的距离，是脸长的一半。

人脸最宽处在双眼的连线上，等于从前发根到唇缝的距离。

1　此段得出的结论与上文有些出入，原文如此。

7

鼻子也有彼此相似的数据。鼻孔宽度是鼻尖至眉间鼻长的一半。同样，从侧面看，鼻孔外侧接近脸颊处至鼻尖的距离，等于正前方鼻孔间距。如果你把鼻长（鼻尖至眉头）分作四等份，就会发现，其中一部分从鼻尖伸展到鼻根，最上面一部分介于内眼角到眉头之间，而中间两部分连在一起，长度相当于从内眼角至外眼角的距离。

8

大脚趾是脚长的六分之一，丈量可以从脚掌侧剖面来进行，自该大趾趾骨的开端，也就是连接蹠骨的地方，至趾尖这段距离，就是大趾的长度。该长度也等于嘴巴至下颌尖的距离。如果你要画脚部侧面外形图，请注意在脚长四分之三处才开始画小趾。从小趾开始处至大趾的顶端，这一段是脚长的四分之一。

手和脚的相关比例

9

不算手指和脚趾在内，手掌是脚掌长度的一半。

你伸开手掌，又握拢成拳，会发现手的宽度不变，相当于脚掌最宽处，也就是脚掌连接脚趾处的宽度。

如果你从脚踝内侧量到大趾顶端，会发现这段长度与整只手的手长相等。

脚踝内侧到趾跟分叉处的距离，与手腕关节到大拇指尖的长度相等。

手的最窄处与脚的最窄处（也就是连接腿和脚趾间的一段）

本图中文字：『脸部成一个正方形，两个外眼角的距离是它的宽，鼻顶到下唇底的距离是它的高；处于这个正方形的上、下两边的脸部也刚好有同样一个正方形的高度。』

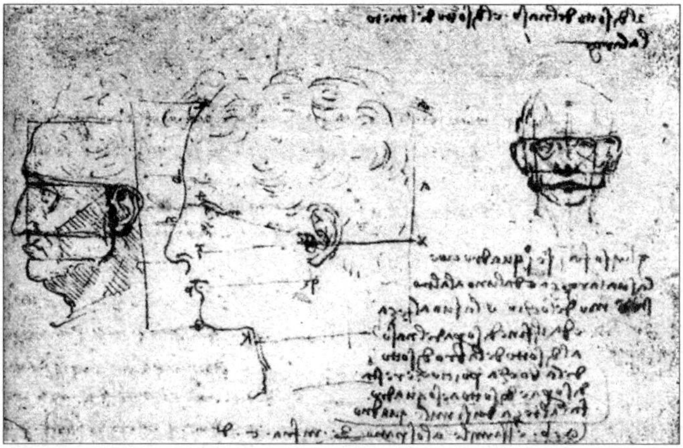

《脸部比例研究》丨达·芬奇

相等。

脚后跟底部的宽度，与手腕关节宽度相等，也等于正面看到的腿的最窄处。

腿的比例（10–11）

10

从趾尖至脚跟的脚的长度，是从脚跟到膝盖小腿骨（腓骨）与大腿骨（股骨）连接处长度的二分之一。

11

从侧面看，腿部最细的地方是从脚底至膝关节长度的六分之一，与从外眼角至耳廓的距离相等，也相当于从侧面看到的胳膊最粗处，以及从内眼角至发根的距离。

全身的中心点

12

跪着的人，身高会损失四分之一。

人跪着，双手抱在胸前，肚脐会成为身高的中心点，双肘的尖端也在此中心线上。

坐着的人，从交叉于胸前的胳膊至肩膀的距离，是其上半身（从座位至头顶）长度的一半。

人体局部和全身的相关比例

13

一腕尺等于身高的四分之一，也等于肩的最宽处。两个肩关

这幅解剖图的特别之处在于，其他部分非常写实，而脚趾甲却画得又勾又尖，仿佛是野兽的指爪。科学与艺术的结合，是达·芬奇的一大特色。

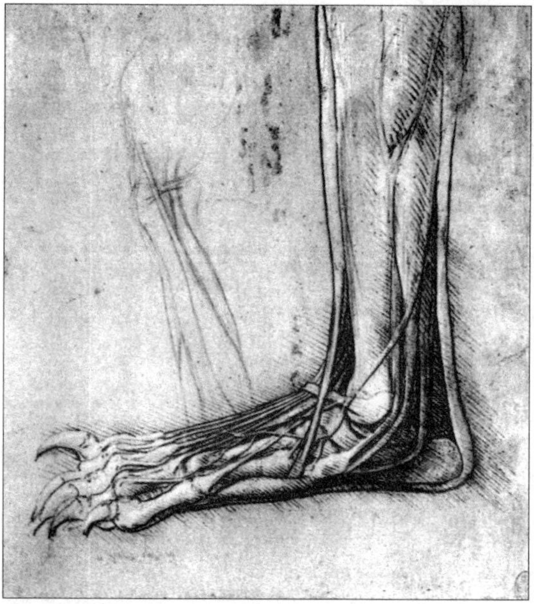

《脚的解剖图》 | 达·芬奇

节之间等于两张脸的宽度，也和颈下（胸口上方）至肚脐的距离相等。从肚脐至生殖器的长度，等于脸的长度。

头脸及其局部的相关比例

14

发根至颈下的长度，是人身高的六分之一。该数据恒定不变。

两个肩头之间的距离等于从胸口上方至肚脐的长度，该长度等于从脚底到鼻根距离的四分之一。

胳膊上端与肩膀相连处，从正面看其粗细是两肩外缘间隔的六分之一，也是脸长的三分之一，脚长的四分之一，手长（无论里侧外侧）的三分之一。

人体全身比例（15–16）

15

人一躺下，身高会损失九分之一。

16

下颌至发根，是身高的十分之一。腕关节到最长手指指尖的距离，是身高的十分之一。下颌至头顶，是身高的八分之一。腹窝到胸口上方，是身高的六分之一。从胸骨以下的凹陷处至头顶，是身高的四分之一。下颌至鼻孔，是脸长的三分之一，与从鼻孔至眉毛、从眉毛至发根各各相等，三分脸长。脚长是身高的六分之一，肘长是身高的四分之一，肩宽也是四分之一。

17

肩宽是身高的四分之一，从肩关节至手的长度，是身高的三

本图是达·芬奇笔记手稿中的一幅钢笔画。达·芬奇立足于人体解剖的实验与观察，并综合前人维特鲁威的研究，最终绘制了这幅在生物学和绘画艺术上都有重大贡献的人体比例图。

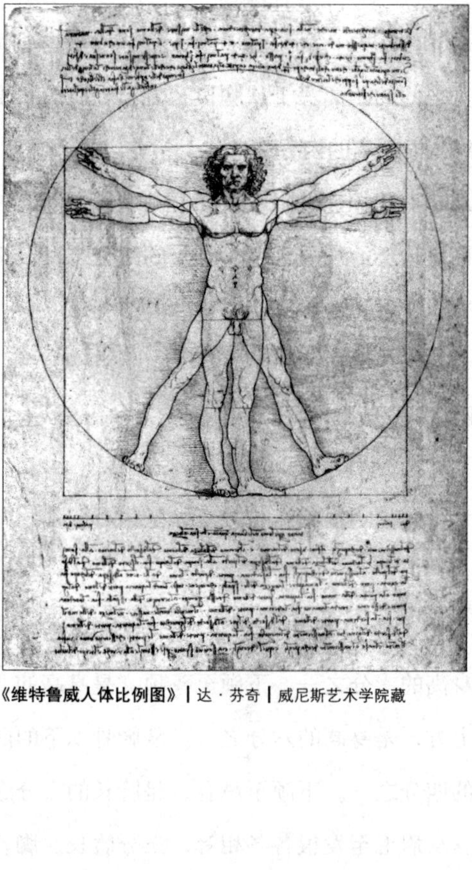

《维特鲁威人体比例图》| 达·芬奇 | 威尼斯艺术学院藏

分之一，唇缝至肩胛骨以下，等于脚长。

人体最厚的地方在从胸至脊骨处，是身高的八分之一，也等于从下颌至头顶的距离。

人体最宽处在肩膀，是身高的四分之一。

人体前后之局部

18

胳膊以下的体宽以臀宽为计。

人体的臀宽等于臀高（臀顶至臀尾的距离），站直身子，双脚平撑，臀部上方至腋窝的距离等于臀高。腰部或是臀上方较窄处，是腋窝至臀尾的中点分界。

手臂的比例（19—21）

19

手部从最长一指至腕关节，这段距离是从最长指指尖至肩关节距离的四分之一。

20

手腕宽度是整条胳膊（从指尖至肩关节的距离）的十二分之一，是手长的三分之一，是臂长的九分之一。

手臂弯曲时，从肩至肘这一段会增加长度。这增长的一段等于从侧面看到的手腕的粗细程度。

下颌尖至唇缝的距离，等于两根中指的粗细，也等于嘴的宽度，以及从前额发根至头顶的距离。

手肘至手腕这一段，或伸或曲，长度都不改变。

达·芬奇是解剖学的先驱者，他一生解剖过几十具尸体，这在当时是犯禁之举，只能偷偷地进行。

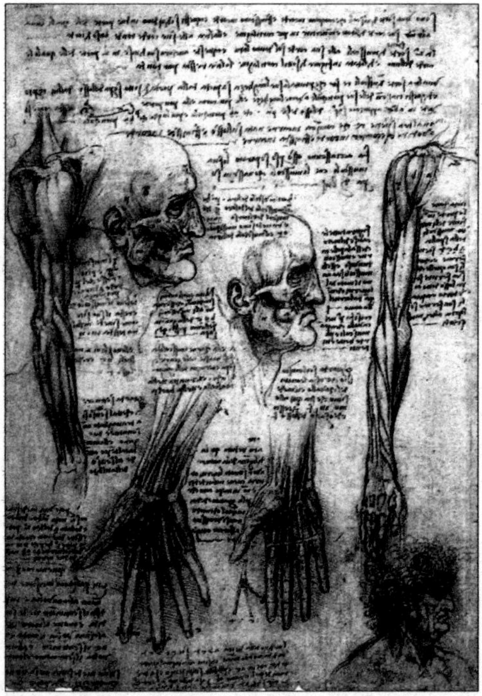

《手臂解剖图》 | 达 · 芬奇

手臂弯曲时，从手肘至肩膀这一段是脸长的两倍，手肘至掌心分指处，也是脸长的两倍。无论手臂的位置作何变化，都不会改变从指根至手肘的长度。

21

从肩头至肘端的长度，与从肘端至掌心指根处距离相等，都是脸长的两倍。

手臂的运动（22—24）

22

任何肢体收缩时，其关节内侧都会松弛成凹陷状；同样的道理，躯体在伸直到极限时，其关节内侧又会由凹陷变得平凸。有些人对自己的作品太自信，同时又缺乏足够的常识，创作时就会出这方面的重大纰漏，不懂得汲取仿生学的经验。这种错误发生的几率，画侧面时要多于画正面，背面要多于侧面。

23

手指的运动

手指的运动主要包括舒展和弯曲两种，其舒展和弯曲的方式各有不同。比如说，有时它们全部从指根（第一指节）处开始弯曲，有时则从第二指节处半是弯曲半是舒展，还有的时候，整只手（连同三个指节一起）会在瞬间捏拢起来。

如果前两道指节都弯曲，第三道指节会比先前更易弯曲；第三道指节永远也不可能在前两道指节都伸直的情况下独自弯曲，除非三道指节同时弯曲。

除了上述运动，手指还有另外两组运动方式：或上或下，从

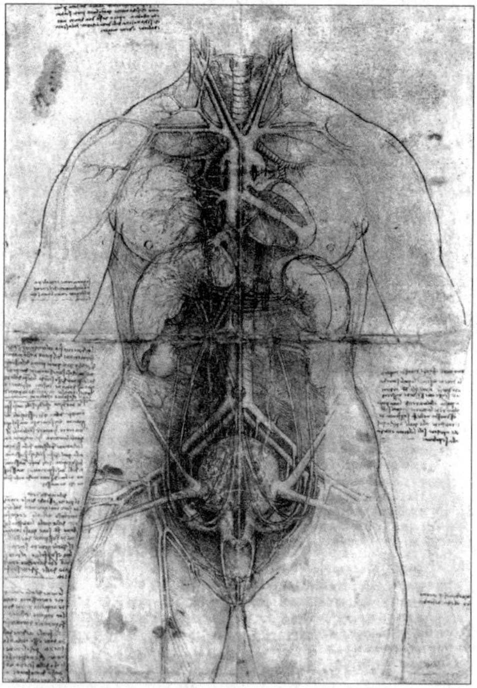

《女人内脏研究图》|达·芬奇

边到边。每一种运动方式都由一条肌腱牵动。由此衍生的无数其他运动都与这两条肌腱息息相关；其中一条停止施力时，另一条会开始着力。这些肌腱里侧厚，外侧薄，里侧粘在每道指节上，外侧并不粘连。

身体局部的运动（24–25）

24

在手臂的各种运动状态下——或上或下，或里或外，或前或后，以及绕圈和其他动作——观察肩膀的相应位置。

在脖子、手、脚等部位的各种运动状态下，观察肩膀的相应位置。

25

腰部的弯曲

在腰部和脊骨弯曲状态下，胸部总是低于背部肩胛骨。

胸骨上拱时，胸部高于肩胛骨。

腰部挺直时，胸部和肩胛骨往往处在同一水平线上。

26

关于绘画

绘画要表现出哪儿是肌肉，哪儿是筋腱；四肢做各种运动时，哪儿伸张哪儿收缩，或者不伸也不缩，只是一动不动。切记，一个画家或雕塑家如果想成大器，对运动的表现是必须的第一要义。

人物的不同年龄段也要注意区分，比如幼年、童年、少年、青年等等，人的一生经历从出生到衰老等各个时期。

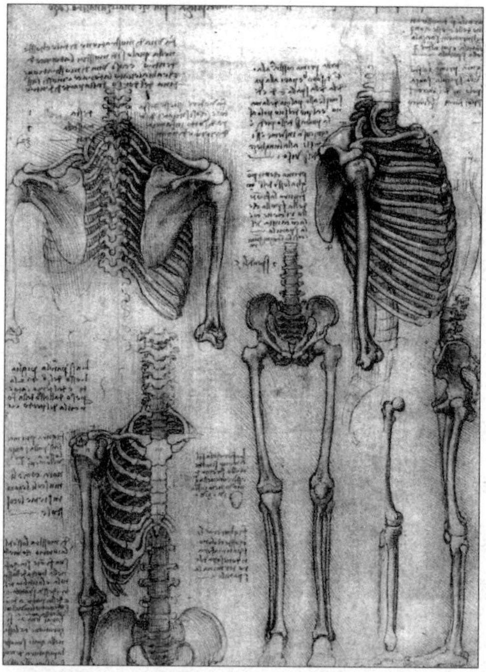

《骨骼系统研究图》| 达 · 芬奇

在展现四肢及关节的变化时要注意，骨节越是突出的地方，皮肤就越薄。

27

熟悉解剖学的画家请注意，谨防对骨头、肌肉和筋腱的太过强调，虽然你希望凭此展现裸体的各种情绪感觉，但如此一来，会使你的画作陷于呆板。为了竭力补救这一点，可以多琢磨一下肌体穿上衣服的感觉，或者画一画消瘦或衰老的人体。

28

人体全身各部应当比例协调。也就是说，如果这人是个敦实的小矮个儿，其身体各部也要做出呼应：粗短的胳膊，宽厚的双手，甚至手指也要画得短一些，指关节也应具备相应特点，其余身体各部以此类推。我在画各种动植物时也会把握同样的要领，根据所画对象的大小尺寸，对其身体各部按比例进行适当增减。

29

四肢比例的协调

另外，在画四肢时要分外小心，它们必须和人物体格大小以及年龄做出呼应。比如说，一个少年的四肢，肌肉不能太发达，也不能显露太多筋脉，而应该肌理平滑圆润，色泽柔和细嫩。如果换作成年男子，其四肢应该强健有力，肌肉隆起。老年人呢，皮肤表面皱纹密布，粗糙不平，筋络也会很突出。

《花的习作》| 达·芬奇

第8章

画家必须掌握的植物学和风景画原理

生长的方向（5–8）

5

关于植物的分枝

长势舒展的植物，在空中伸开枝条，其中长得越低的枝条——也就是说越接近这棵树最粗、最老部分的枝条——其分枝的角度越发成比例地呈钝角状态。同样的道理，越是新生的枝条，分枝角度越是呈锐角。

6

植物（或树）主干的顶端，若非被果实压弯，则会竭尽全力朝着天空生长。

树叶正面朝天生长，以便在夜晚承接露珠的滋养。

太阳赋予了植物灵魂和生命，大地用水分将它们滋养。关于这一点，我做过一个实验：将一只葫芦截得只剩一段小根，然后不断给它浇水，葫芦长势良好，结出了所有能结的果实，大概有六十个之多，长长地挂了一路。这令我对其生命力刮目相看，并意识到正是夜晚的甘霖以充沛的水分滋养了它，这些水分沿着大叶子的叶腋输送给整棵植株及其后代（或种子），为之提供养分。

7

最低处的树枝，叶子较大，果实较沉，比如胡桃树、无花果树之类，它们总是把枝条垂向大地。

植物总是在叶腋以上发出新枝。

8

植株子干发出的上叶芽，比下叶芽更靠近母干。

《伯利恒之星及其他植物研究》丨达·芬奇丨英国温莎堡皇家图书馆藏

本画约完成于 1506 年。钢笔及红粉笔素描。19.6 厘米 ×16 厘米。

树的形状（9—10）

9

榆树一年里最后抽出的枝条常常长得比低处的长。大自然这样做自有其奥妙，因为只有最高处的枝条才能增加树的高度。而那些底部的枝条则必定变得干燥，这是由于它们生长在阴凉处，而且其生长会成为主干吸收阳光和空气的一大障碍。

低处的主枝比高处的更为朝下弯曲，这是因为它们长得比高处的更斜，也更大、更老。

10

一般情况下，几乎所有树的垂直生长部分，都会向南弯曲而微凸。向南生长的树枝也比向北生长的更长、更粗，也更茂密。这是因为，太阳会将树液抽到最靠近它生长的那一面。

如果太阳没被其他树木遮挡，这一点很容易就能观察到。

叶的生长（11—12）

11

叶子在枝条上的生长

叶与叶之间枝条粗细的变化程度，不会超过其中一片叶子上叶芽的粗细。也就是说，叶芽的粗细等于从这片叶子到下片叶子之间枝条所减少的粗细程度。

大自然是这样安排许多树木新枝的叶子的：第六片叶子总在第一片叶子的正上方。如果不出什么意外，树叶将按此规律依序排列。这样对树木来说有两大好处：第一，来年从叶腋（叶基上方靠近茎处）抽枝结果时，沿着这新枝流下的水分会一路滑落，

《花卉素描习作》 | 达 · 芬奇 | 英国温莎堡皇家图书馆藏

直至叶腋处的小窝把水滴蓄住，滋养幼芽。第二，来年发出的新枝不会遮挡下方的枝条，因为五个枝条分别往五个方向伸出，而第六枝虽在第一枝的正上方，却已经隔开一段距离。

12

每片树叶总是将其正面朝向天空，以便用尽可能多的面积承接空气中轻盈落下的露水。树叶在树上的分布常常尽量减少彼此的遮挡，层层错开，就像我们看到的覆满一壁的爬山虎那样。如此分布有两个目的：第一，留出空间，让空气和阳光透进来；第二，从第一片叶子上滑落的露珠，可以直接滴在第四片叶子上，或者在其他树上，也可能直接滴在第六片叶子上。

枝叶上的光（13–15）

13

光线直射的一方，树木最明亮。

14

小树跟老树相比，树叶更透明，树皮更有光泽。特别值得一提的是，五月里的胡桃树比九月更明艳。

15

影响树叶色彩的外因

影响树叶色彩的外因有四：阴影、亮光、光泽（反射光）和透明度。

诸外因的能见度

影响树叶色彩的外因，离得远了也会模糊不清，无论光还是影，面积越大，越容易识别。

根据树的颜色进行分类

16

风景中的树有着各种各样的绿，有的绿比较接近于黑。这一类的树有杉、松、柏、月桂、黄杨等等。

有的偏黄，比如胡桃树、梨树、一些藤本植物，以及春天的新绿。

有的介于黄黑之间，比如栗树、冬青槲。

有的在秋天会变红，就像花楸树、石榴树、葡萄树和樱桃树。

有的会发白，就像柳树、橄榄树、芦苇之类。

风景中光的处理

17

晴天正午的阳光下，野外的景色会比一天里其他任何时候都更加蔚蓝迷人，因为这时空气纯净，水分不多。透过这样的空气观察树，你会发现树的轮廓有着非常漂亮的绿，越到中部，树影越暗。远处介于你和景物之间的大气，如果有黑暗的背景作衬，看上去还会更漂亮。

不过最漂亮的还是刚才提到的那种蔚蓝色色调。物体被太阳照耀的一面，你看不到半点阴影。但是，这时如果你的位置比太阳低，那么太阳照不到的地方你却能看到，它们全部藏在阴影里。

在风中

在迎风的一面，树的颜色要比背风面显得浅，这是由于风把树叶的反面掀上来了，而所有树叶的反面都比正面白。尤其当风

《树》丨达·芬奇

从太阳的方向吹向树，这时你若背向太阳，会发现被吹动的树叶颜色的确很浅。

小镇景色的用光（18—19）

18

小镇的光与影

太阳在东边，视点在小镇中心正上方，那么我们将看到，小镇南边的屋顶半明半暗，北边的也一样，东边则全部藏在阴影里，而西边一片光明。

19

在夜晚或晨雾中观察小镇或其他建筑物

夜晚或清晨，有雾或空气很稠浓时，在远处观察建筑物会发现，只有被来自地平线上的阳光照到的部分才明亮可见；至于阳光照不到的部分，仍然还保持着和雾一样的中间色。

小镇的烟

太阳在东边的时候，东边的烟要比西边的显得更清晰。之所以这样，有两个原因：第一，阳光透过东边的烟雾，照亮了其中的微粒，使之清晰可见；第二，这时东边的屋顶都隐没在暗处，你在小镇中心上空朝东边看，会发现东边屋顶此时的角度无法接纳阳光。如果把烟换成灰尘，情况也是一样的。无论是烟还是灰，越浓也就越发成比例地发亮，最浓的地方位于烟尘中心。

太阳在东边时，城镇西面的烟我们看不见。因为这烟没法透过阳光，也没有黑暗的背景作衬。要知道西面的屋顶面朝我们，也面朝太阳，因此，在明亮的背景上，我们不可能看见这烟。

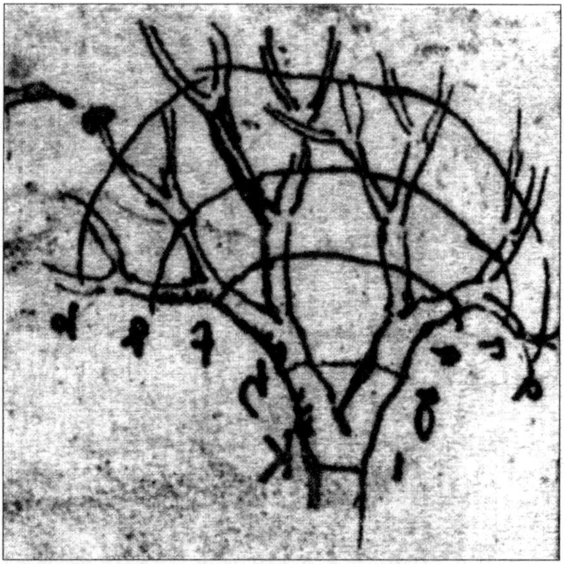

《树的研究图》| 达·芬奇 | 米兰安布罗杰美术馆藏

然而在同样的情形下，灰尘因为含有水分，密度更大，因此看上去会比烟的颜色更深。

风对树的影响（20—23）

20

如何表现风

要表现风，除了画出迎风弯曲的树干和翻卷的树叶，还可以在这些树干和树叶旁画上裹挟着粉尘和气流蒸腾而起的烟云。

21

描述风中、水边以及日出、日落的景致

所有树叶全部在弯曲的枝条撑持下向着大地悬垂，如果遭遇狂风，它们会掀个底朝天，变得透视颠倒。也就是说，如果树处在你和风源之间，那么叶尖朝着你的树叶仍然还会保持本来的状态，而在背向你的一面，本来叶尖都应该朝着与你相反的方向，可是被风那么一吹，它们全部掉过头来，通通指向你。

22

树枝在风力作用下朝着顺风方向弯曲，一旦风过，它们在反作用力的推动下，又会重新弯回来。

23

一棵树如果遭到打击，离受力点最远的部分，反而因为承受的张力最大而最容易受伤。大自然早就预见到了这一点，因此树木最易受伤的部分往往会长得很粗。多数易受伤害的树往往都长得很高大，比如松树一类。

《山脉和小河》| 达 · 芬奇

水的倒影

24

画家画水时常常自欺欺人，他们按肉眼看到的物像去表现水中的倒影。然而水映出物体是在水的一侧，人看见物像又是在水的另一侧，所以就常有这样的事发生：画家把水中映出的本来应该是上下颠倒的东西画成正的。因为水映出物像和眼睛看东西的方式截然不同。

虹和雨（25—26）

25

在虹的中部，色彩是混合在一起的。

虹的弧形在于它本身，不在雨里，也不在眼睛里，虽然雨、太阳和眼睛会引发虹这种现象。我们总是在雨和太阳之间才能看见虹，因此，如果太阳在东边，雨在西边，那么虹将出现在西边的雨里。

26

空气凝结变成雨，这时为了避免形成真空，其他空气会激烈地奔涌过去填补空白。这就是在夏季伴随着大雨骤然而至的风。

《使徒安德烈》| 达 · 芬奇

第9章
绘画实践

一　学画者的道德操守

1

给希望当画家的年轻人一点忠告

很多人学画有鉴赏力也有热情，却没有才华，这在少年中比较多见。这类人不勤奋，从来没法用明暗法画完一幅画。

为画家开设的指导课（2–3）

2

年轻人应该先学习透视，再掌握物体的各种比例，然后可以临摹某位名家的画作，培养自己对出色形体的感觉。接着开始临摹大自然，在实践中巩固已经学到的知识，再就是花时间多看各类名家作品。最后，养成习惯，将自己的艺术技巧贯彻到实践和作品中去。

3

学画的顺序

先从素描学起，不要凭记忆，而要通过临摹名家作品和大自然来学；再根据素描原理来画石膏像；然后就是画优秀的人体模特，到此为止，你必须将学到的知识付诸实践。

师法古人（4–5）

4

关于绘画

师法自然和师法古人，究竟哪样更好？画轮廓和画光影，究竟哪个更难？

《丽达与天鹅》 | 达·芬奇画派

本画是按照达·芬奇风格创作的，其作者是达·芬奇的追随者。

5

师法古人比临摹现代作品更有益。[1]

解剖学知识的必要性（6–7）

6

关于绘画

彻底熟悉裸体状况下四肢在任何位置的所有动作，这对画家来说，是必不可少的事。要了解每条经络、骨骼、肌腱在各个动作状况下有何种用途时的解剖原理，就应该知晓哪根神经和哪块肌肉牵动发生了哪种动作。

很多人画四肢，就像那些可敬的制图员们通常所做的那样，只画肌肉突出而粗壮的地方，不表现其余部分，这就使得他们笔下的裸体人物看上去像木头，毫无优雅可言。于是你看他的画，就会发现人体不像人体，倒像一袋胡桃；肌肉不像肌肉，倒像一捆萝卜。

7

为什么对画家来说，了解人体内部结构是必须的

熟悉人体经络、肌腱特性的画家，在表现肢体动作时会比较得心应手。每一个动作，有多少经络牵动它，是哪几根经络？哪块肌肉的隆起，会引起该条经络的收缩？哪些经络会伸展成最薄的软骨，包围并支撑上述肌肉？

也就是说，他得通过所绘人物的各种姿势，来有所区别地不

1　关于师法古人的重要性，达·芬奇只有这么短短两则笔记。而且，也许是出于对回答该问题的犹豫，他并没有给出本章第“4”则笔记所提问题的答案。

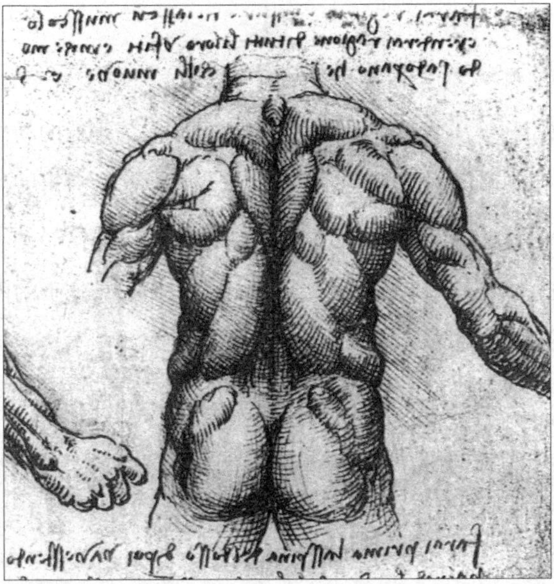

《后背肌肉图》┃达 · 芬奇

断展示不同的肌肉类型、状态。而不要像很多人那样，无论画多少动作，对胳膊、脊背、胸和腿的表现都一成不变。这一类的错误不可小看。

勤奋和认真是首要条件（8–9）

8

画童须知

我们都很清楚，“看”是人能履行的最为迅捷的动作之一。我们可以在瞬间看见无限多的形象，也可以一次只看一件物体，彻底看清它。

假设由你——读者先生，飞快地扫一眼面前这页的内容，你会在瞬间瞥见页面上密密麻麻的文字，却不能一下认清这些文字是什么，更不能识别它们想要传达的含义。因此，为了弄懂这些文字，你得逐字逐句地阅读。也就是说，如果你希望登上楼顶，就得一步一步往上爬，而不可能一步登天。

所以，假如你天生向往艺术，那么我来告诉你：如果你想全面掌握有关物体形态的知识，就从该物体形态的局部细节开始吧。在将第一步烂熟于心并付诸实践以前，不要急着走第二步。如果你一意孤行，要么荒废时间，要么拖延学业。记住，业精于勤，欲速则不达。

9

为什么说要先学勤奋，再求速度

一个人学习素描，要想学得好，达到满意的效果，势必会在作品上慢条斯理地下工夫。比如说区分哪儿是高光，阴影又该如

《老人侧面头像》| 达·芬奇

何展现；什么区域比其他部分暗，它们又以什么方式融合；明暗的深浅和相应比例。

同时还要注意物体的轮廓，它们以什么方式延伸，哪部分的线条会弯向这边或那边，哪部分更清晰或不够清晰，从而更宽或是更细；最后还要注意，光与影混合在一起要像烟的感觉，不要有明显的笔触和边界。

如果你凭借这番勤奋磨炼了自己的技法和判断力，就会在不知不觉间求得速度的提高。

画家的私人生活及伙伴的选择（10—11）

10

画家的乡间生活

画家需要掌握与绘画有关的数学知识，应与话不投机的人断绝往来。头脑必须保持着对形形色色物像的好奇心，让这些物像源源不断地浮现眼前，排除其他干扰。如果他正在考虑第一个问题时，第二个问题又从脑海里冒了出来，那么他必须做出判断，哪一个问题更加难以解决，然后迎难而上，悉心钻研，直至水落石出，然后再来分析解决其他问题。至关重要的是，他必须令头脑清如明镜，才能呈现五光十色的事物。他的朋友应该与他在事业上意气相投，如果没有这样的朋友，他应该坚持独立思考，久而久之他会发现，求人不如求己。

11

画家的画室生活

为了不使健康的体魄成为心智发展的障碍，画家或制图员必须

《婴儿习作》| 达·芬奇

耐得住寂寞，尤其在他专注于某几项研究，眼前不断浮现出记忆中完好保存的印象时，更需要离群索居。独处时，你完全是自己的主人，一旦有个伴，你将只剩一半属于你自己，或者更少些，这取决于你那伙伴轻举妄动的程度。如果同伴很多，你会更加麻烦。

也许你会说："届时我会我行我素，抽身引退，去研究自然界的各种形态。"我得提醒你，那样一来你就免不了要时常听到他们的聒噪了。所以，既然一仆难事二主，那么你可能既当不好玩伴，艺术事业也将一败涂地。

如果你说："届时我会和他们离得远远的，他们爱说什么说什么，我听不见也就落个耳根清净。"可我还是要提醒你，那样一来，你会被他们当成疯子。

所以你都看到了，无论如何你反正是要孤独的。如果你真的需要什么友情，就到画室里去找吧。只有画室里的朋友才有助于你各方面的思考，其他所有人对你而言都是非常有害的。

作画时间的分配（12—14）

12

有人做伴一起画画，好还是不好

我认定并且重申，画画时有人做伴，好过单枪匹马，独自为战。理由有很多：第一，如果你发现自己在众人中掉队了，会有羞耻感，这种羞耻感会促使你好自为之。第二，良好的竞争环境会激励你奋勇争先，跻身被表扬之列；如果别人得到表扬，对你也是一种鞭策。第三，如果有人比你画得好，你可以向他学习；

你若比别人优秀，人家的缺点会成为你的前车之鉴。别人对你的赞扬也会促使你更上一层楼。

13

黑暗中醒来或是入睡前的沉思

我自己做过尝试，夜里在床上回想先前琢磨过的事物或是其他一些曾经深思熟虑过的、值得注意的事物，对其外部特征多加揣摩，会获益匪浅。这的确是极好的一种训练方法，对加强记忆力很有用处。

14

研究课题所选择的时机

年轻学子应利用冬日夜晚复习浏览夏天备下的素材，比如说，把夏天画的所有裸体素描归拢，从中选出肢体最为匀称的，加强记忆，付诸实践。

姿势

然后，在接下来的这个夏天，选个身体发育完好，成长过程中还没穿过束身衣，因而姿态尚未僵化的模特，让他完成一组敏捷优雅的动作。哪怕其四肢轮廓仍然显不出肌肉，也没关系。对你来说，只要看到优美的姿势便已足够，可以借此修正你在冬天所画肢体出现的问题。

多产的二流画家（15—18）

15

他是个可怜虫，永远没法超越他的老师。

《不同的眼神》| 达 · 芬奇

16

那些除了一心一意画画裸体、头像、植物、动物、风景或是诸如此类素材，对别的工作漠不关心的画家，没什么可值得称道的。这是因为，一个人如此投入并经常性地做一件单调的事，必然导致心智的缺失，最终将一事无成。

17

画家若非博学多才，不值得称美

坦率地说，有些人是出于错觉，才会把一无所长，只会画画头像或人像的画家称作“名家”。一个人穷其一生钻研一件事并且略得要领，这也不算什么了不起的成就。正如我们所知道的那样，绘画中包含着各种各样自然或人工创造的事物。一言以蔽之，凡所能见，皆可入画。这种只擅长画单个形体的人，对我来说，只不过是贫乏的画匠。

君不见，光是人就有多少种不同的动作可以展现，且不说还有各种各样的动物、植物、树木、花草，点缀着山峦和平原、泉流和江河；公用建筑、私人房宅和满足人们各种需要的设施等等，勾勒着座座城市；还有多姿多彩的服装、装饰品、艺术品……如果有人称得上是“名家”，那么他对所有这一切，就应当予以同等程度的重视。

18

谈谈欺世盗名、名不副实的画家的可怜伪装

现在有一种画家，学问少得可怜，对于美景的理解只有金色和蓝色两种概念，却极其自负。他们声称之所以出不了好作品，是因为报酬低微的缘故，如果能得到丰厚的回报，他们也可以画

《山谷》丨达·芬奇

得跟其他任何人一样好。真是一帮蠢材！难道他们以为，画家可以将好货存底，然后说：这个比较贵，那个中不溜秋，而那个很一般？我倒想看看，他们是怎么根据价码的不同来画画的。

对片面研究者的忠告

19

为什么在很多重要作品里，画家都不应完全相信记忆，鄙视写生

任何斗胆夸下海口，说他记得自然界所有事物形貌的所谓大师，在我看来不过无知透顶罢了。试想，自然界的形貌如此广博无限，而我们的记忆并不足以将其通通囊括。所以，画家们请注意，谨防物欲挤走你的艺术尊严。因为荣誉的取得，要比财富所带来的荣耀了不起得多。

由于诸如此类的原因，首先你应当努力画好素描，将你的想法和思想上的原初理念用眼睛所能捕捉到的生动形象表现出来；然后该增的增，该删的删，直至自己满意为止。接下来画人体，着装的或裸露的都行，视你想要达到的作品效果而定，画的时候尺寸和大小要合乎透视学原理。凡是与自然格格不入、不相协调的东西，都不应该在作品中出现。

做到这些，你就可以在个人艺术道路上赢得荣誉。

有效的游戏和训练（20–21）

20

供画写生者玩的游戏

本图是为《岩间圣母》画的人物习作。

《天使习作》| 达 · 芬奇 | 都灵皇家图书馆藏

画画的人们啊，如果你们想从游戏中得到放松，那么在你的职业生涯里要时常做做这个练习，会很有效果——好好磨炼眼力，做到能够精确判断所绘对象的长和宽。

这么说吧，你们要对这种事习以为常：从你们当中选出一个人，在墙上任意画一条直线，每人手里拿一片玻璃或一根麦秆，努力在十意尺开外估算出这条直线看上去有多长。然后各自走到墙边，量出该直线的实际长度。所估长度最接近实际数据的一位胜出，获得预先设定的奖赏。

你们还可以做做透视测量：取一根长矛，或是棍子、芦苇，将它固定在一定距离以外的某个点上。每人都估算一下，这段距离是目标物本身长度的几倍。

或者比赛画一条一意尺长的直线，用线来测量其长短，看看谁画得最好。

此类游戏为眼睛提供了很好的训练机会，而眼力对绘画来说是至关重要的。

21

激发各种创造性思维的方法

在这里我禁不住要提到一种新颖的钻研方法。虽然它看起来似乎既微不足道，又滑稽可笑，却对激发各种创造性思维十分有益。

你盯着一堵墙看，墙上有污迹，或者石料混合的花纹。假如你需要设计某个场景，会从墙上发现各种各样类似的风景，有优美的山峦、河流、岩石、树木、平原、开阔的山谷和排列得形态各异的小丘；也会有战争和正在做各种动作的人形，或者奇形怪状的面孔和装束，以及没完没了的各种东西。这些你都可以拿

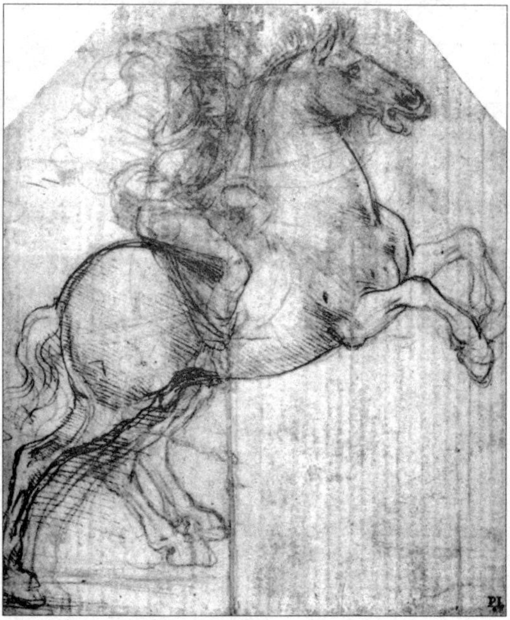

《骑兵习作》|达 · 芬奇|威尼斯艺术学院藏

来，经过剪裁，画成很好的图画。

从墙上能看出这么多杂乱的景象，正如从铃声里你也可以通过想象，捕捉到某个名字或某个词一样。

二　画家的画室

画室的大小

22

小室养心，大屋散神。

窗户的结构（23—24）

23

墙越宽大，光越稀少。

24

画家的窗户及其用途

师从自然的画家应该有一扇可以升降自如的窗户，原因在于，有时候你会想在光线被遮蔽的条件下完成画作。

绘画时的最佳光线（25—28）

25

光的质量

高处舒朗的光线，如果不太强烈的话，对物体细部会有极佳的修饰效果。

26

写生时的自然光应该高高在上

《丽达头像习作》| 达 · 芬奇 | 英国温莎堡皇家图书馆藏

写生时，自然光应该从北边来，这样光线变化不大，会比较稳定。如果你那儿的光线从南边来，就用布把窗户挡一下，这样一来，终日日照充足的房间内光线才不会太善变。光源的高度也有讲究，这样才能保证每件物体都能在地上投下与自身长度相当的影子。

27

绘画中必不可少的一种光

在最强烈的光线——比如说太阳光或夜晚炉火的照耀下，物体会呈现最鲜明的明暗对比。但是这种光不能用在绘画上，否则画作会显得粗鲁而庸俗。

物体在适中的光线下，明暗对比不太鲜明，这种情形在傍晚或是多云天气都可以见到。这时画出的画比较柔和，各个角度都会很优美。

所以，任何事都要避免走极端：光线太强，画作粗鄙；光线太弱，有碍观瞻；适中最好。

关于小型光源

另外，从小窗透进来的光线，会带来鲜明的明暗对比效果，尤其当这种光线透进大房间时，效果更甚，这对绘画是不利的。

28

选取一种光，以使画作里的面孔最为优雅

如果你拥有一座院子，可以在里面美滋滋地撑一把亚麻布遮阳伞，光线就会比较理想。另外，创作肖像画要选个阴天，或是暮色降临的时候，让模特背朝院子的一壁就座。你到大街上观察一下，每当夜幕降临或是天气阴暗的时候，男男女女的一张张脸，无不既柔和又微妙。所以，画家请注意，要有一座院子，围着黑色的院墙，伸出纤长的屋顶。这院子十意尺宽，二十意尺长，十意尺高，配有亚麻布遮阳伞；要么就在傍晚或是多云雾的天气作画，那时光线最佳。

画画前的各种准备（29–32）

29

无论画的是天然雕饰的裸体，还是别的什么，手里都要有一根铅锤线，才好判断所绘对象的相应位置。

30

画画的时候，记住设一条贯穿所绘对象的主线，以便通过它来展开观察。画里的一切，都跟主线有着这样那样的延伸关系。

31

精确定位的一种方法

取一块玻璃，有半张皇家对开纸那么大，将它稳固地立在你眼前，在眼睛和所绘对象之间。你和玻璃相距三分之二意尺，你的头用某种设施固定住，一动不动。然后闭上或者完全遮住一只眼睛，用一支画笔或红粉笔在玻璃上画透出的图像，再把这图像从玻璃映描到纸上。最后，如果你高兴，将这幅图按照透视学原理精心挪到好一些的画纸上，再绘上色彩。

32

评判自己的画作

我们对别人画作中的失误，总是比对自己的了解得更为透彻，也常常对别人的错误大惊小怪，对自己的缺点熟视无睹。为

达·芬奇主张不仅要画出人物的外形，而且要表现出人物的情感和思想。本图中圣母和圣子对视的眼神生动地表现了圣母子之间内在精神的契合。

《圣母子》 | 达·芬奇

了避免这种无知，首先要成为透视学行家，精确掌握有关人和其他动物的比例知识；另外还要学好建筑学，这关系到房屋和地球表面其他物体的形象，诸如此类的形象不胜枚举。你对它们了解得越多，画就画得越好。不要疏于建筑物写生，以免缺乏经验。

言归正传，我建议你画画时最好弄块平面镜在一旁，以便时常将画作拿去照照镜子。也只有这画作在镜子里左右颠倒时，看上去才更像是别人画的，也才格外便于你从中发现缺点。而且，这么做还可以令你从工作中抽身出来，放松休息一会儿，等到重新投入工作时，你会更有判断力。不然的话，长时间坐得离作品太近，你的感觉会欺骗你。有时往后退一些会比较好，离开一定的距离，让作品看上去显得更小，扫一眼就能知道个大概，才更容易发现其中颜色不妥、肢体比例失调之处。

关于画作的管理（33–34）

33

了然于心的一个办法

如果你想记住已经在心里琢磨了半天的一件东西，可按此方法行事：把同一件东西画过数遍以后，如果觉得已然铭记在心，就撤掉模型画画看。再把模型描在一块平面薄玻璃上，将这块玻璃跟你抛开模型画的画两相对照，仔细辨认有哪些地方不一致，哪些地方你画错了，牢牢记住，不要重蹈覆辙。接着，重新按模型来画，把刚才画错的地方多重复几遍，直至了然于心。

34

画家应该充满好奇地听取每个人对自己作品的看法

《人体习作》| 达 · 芬奇

本画约完成于 1480 年。蘸水银笔素描。28.5 厘米 ×21 厘米。

《戴头盔的战士》 | 达 · 芬奇 | 英国伦敦大英博物馆藏

当然，一个画画的人不应该怯于听取任何意见。我们分明知晓，一个人哪怕不是画家，他对其他人的形象也会非常熟悉，可以很准确地判断他们是否驼背，两只肩膀是否一高一低，嘴巴或者鼻子是不是太大，以及是不是有着诸如此类的缺陷。

我们也知道，人们对描绘自然的作品具备鉴赏力，那么又何妨进一步承认，他们能够评判我们作品中的缺陷呢。反正一般人往往会被自己的作品欺骗。即使你对自己的作品没有这种自我意识，哪怕琢磨一下别人的作品，从其失误中吸取教训也好。

所以，要充满好奇且不厌其烦地听取别人的意见，好好思忖他们是否无心责备你，只想帮你消灭差池。若是这样，你就要赶快改正；否则，你可以置若罔闻，或者如果你还当他是自己尊重的人的话，就跟他争论，指出他的错误所在。

画家画画时的准确位置（即观者的位置）

35

写生时所站位置，与所绘对象之间的距离，应是所绘对象身高的三倍。

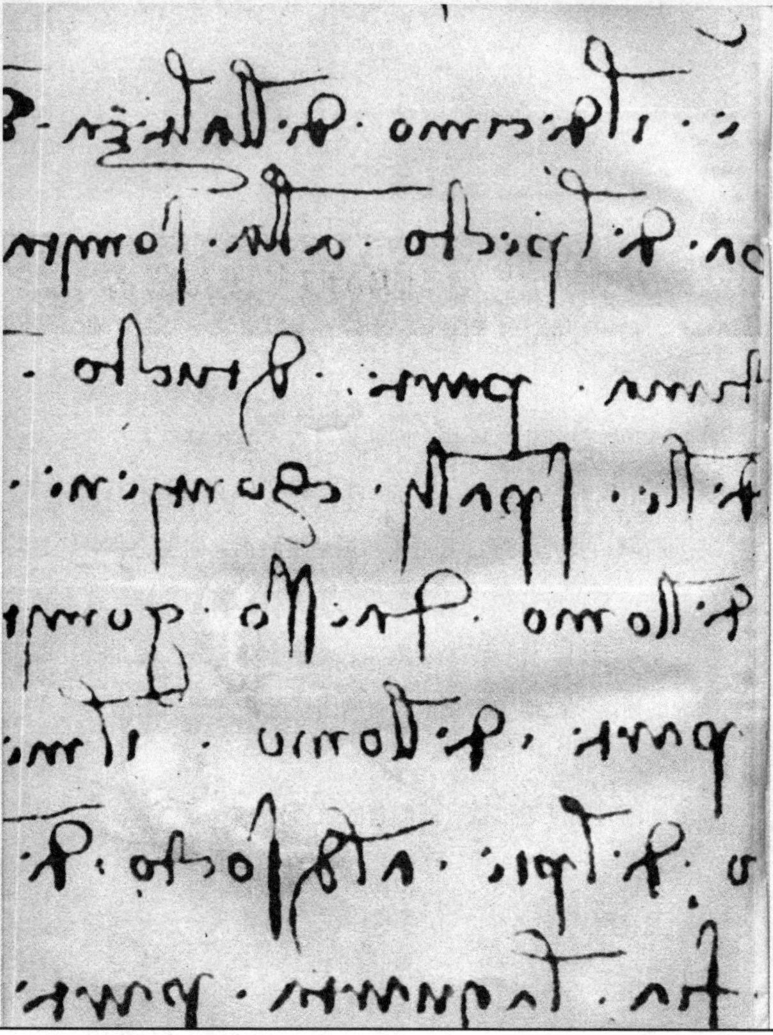

《达·芬奇手迹》 | 每个字母都是反写

第10章
天文学

地球在宇宙中的位置

1

地球并不在太阳系的中央，也不在宇宙的中央，只在它自己伙伴的中央，并与它们融合在一起。要是站在月球上，这时地球和太阳都在我们下方，就可以看见地球和地球上的水，就像我们看见月亮一样；地球会发光，就像我们看见月亮发光一样。

太阳系的基本原理

2

每个人都位于地球表面的中央，在他那半球的天穹之下，地球中心之上。

如何证明地球是一颗行星（3–5）

3

地球是一颗星球。

4

你得随自己的思路去证明，地球跟月球一样是一颗星，是我们宇宙的骄傲。你得依自己的能力，去测算不同星球的大小。

5

在我们和太阳的背后是黑暗，所以空气呈现出蓝色。

地球在宇宙中的发光度（6–9）

6

我想在书中说明，因为太阳的缘故，海洋如何让我们这个世

哥白尼

达·芬奇断言『地球并不在太阳系的中央』，比哥白尼更早地否定了在西方统治达一千多年的『地心说（太阳和月亮绕地球旋转）』。

界，变得像月球一样闪闪发光。对于更遥远的星空而言，地球看上去像一颗星球，我想证明这一点。

看看吧，首先，与眼睛有一段距离的所有光线，都会增加发光体的体积，由此可以推论……[1]月球是寒冷潮湿的，水是寒冷潮湿的，因此我们的海洋对月球呈现的样子，与月球呈现给我们的样子是一样的。

7

小波浪上的阳光，要比大波浪上的更耀眼——这是因为小波浪上反射的阳光，要比大波浪的更集中，而集中的反射会呈现更强的光亮。

8

月球的边缘是最亮的，因为没有什么东西比波峰浪尖更耀眼。

9

流水或波浪上的阳光，要比静水上的更明亮。有个例子，就是琴弦上反射的亮光。

关于太阳所显示的大小及其实际大小

10

要是你遮住光线注视星空（就像把针孔凑近眼睛，透过针孔注视那样），就会看见那些星星是如此渺小，就好像不可能有什么东西比它们更渺小了一样。它们几乎隐没的原因，是因为遥远的距离。事实上，许多星球都要比有水的地球大许多倍。

现在设想一下，以这样的距离，我们所在的地球，看上去会是

---

1 原稿在这里中断，接下去的文字写在手稿边缘处。

什么样子，就会知道在广袤的黑暗中，还散布着多少星星——无论是从纵向看还是横向看。不过我无法赞同包括伊壁鸠鲁在内的一些先贤的观点，他们认为太阳只有看见的那么大。

有关太阳尺寸的思考（11–13）

11

太阳是不动的。

12

为什么落山的太阳，看上去要比正午它靠近我们时更大

透过弯曲的介质，所有的物体看上去都要更大些。

13

因为眼睛很小，所以看见的太阳影像也很小。如果眼睛有太阳那么大，那么看见的水中的太阳就会有太阳本身那么大，当然水必须是平静的。

关于月亮（14–15）

14

我说过月亮本身并不发光，它之所以有光亮，是源于其他的物体。

15

我所有论敌的观点都认为，月亮上是没有水的。

《大地的血脉》丨达·芬奇

第11章
自然地理

水的定义

1

海是对宽广深邃的水的称呼，那里的水没有剧烈的运动。

由河水的流向求证大地的倾斜

2

我们知道尼罗河起源于南部，穿越数省，朝北奔突三千英里，由埃及海岸流进地中海。如果对河流的落差按通常的规律，也就是每英里降低十意尺计算一下，就会发现尼罗河的入海口要比它的发源地低十英里。同样的道理，莱茵河、隆河[1]和多瑙河都发源于德国，几乎是欧洲的中央，结果一条往东流，一条往北去，最后一条南下入海。只要稍微想一想，就会明白欧洲平原要比海边的山峰还要高，那么平原上的山要比海岸高多少啊。

海水的特性

3

咸海里的水，在最深的地方是淡的。

海湾的成因（4–5）

4

所有内陆海及海湾，都由流向大海的河流汇聚而成。

5

所有的湖泊、海湾和内陆海，都得归功于河流带来的水量，

1　隆河，流经瑞士与法国的一条河流，入地中海。

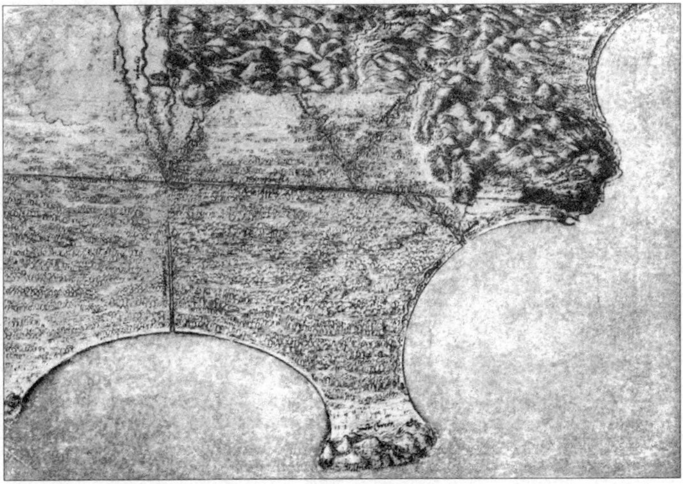

《澎提涅沼泽的鸟瞰图》| 达 · 芬奇

归功于阻碍它们流向地中海的那些障碍——正是尼罗河和顿河的河水，把非洲和欧洲分开，欧洲和亚洲分开。要问的是，有什么障碍足以阻断它们流向大海的路程？

6

波河[1]将在很短的时间内抽干亚德里亚海，就像它用同样的方式抽干伦巴第[2]的大部分地区那样。

水循环的原理（7–8）

7

地下有大河流动。

8

设想地球从中央被剖开，露出海洋和大地的深处，水从海底出发，穿过大地从山巅涌出，汇成河流又回归大海。

山的成因

9

山成于水，也毁于水。

一些问题（10–11）

10

我们在深海里能见到大鱼的骨骸，还有牡蛎、珊瑚和各种贝壳，为什么在海边的高山上也能见到？

1 波河，意大利境内流经都灵、皮亚琴察和曼图亚的一条河，入亚德里亚海。
2 伦巴第，意大利北部地区，一度是繁荣的王国，后因波河枯竭而衰落。

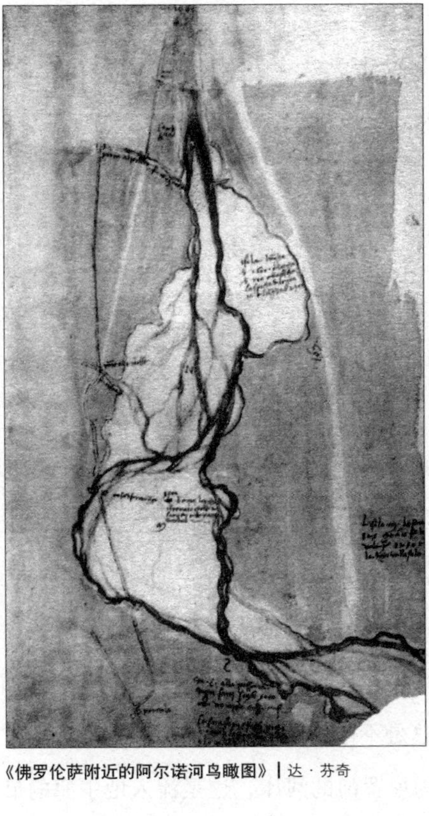

《佛罗伦萨附近的阿尔诺河鸟瞰图》丨达·芬奇

11

我们都知道，几乎所有贝壳的生长，都离不开咸水。伦巴第的贝壳分为四类，到处都有，形成于不同的时期，都可以在面朝大海的峡谷里找到。

空气运动

12

我想知道是否可以通过观察影子的移动，来确定云的移动，同样的道理，还有太阳的移动。

亚平宁（13–14）

13

地球的这部分是远离世界中央的最平缓的地区，它之所以最平缓，是因为承受了最大量的河水冲刷，接受了数量最多的河流。就像阿尔卑斯山把意大利同德国和法国分开一样，隆河南下，莱茵河北上，多瑙河或塔诺亚河流向东北，波河东去，沿途还有不计其数的小河汇合，带着泥沙浩浩荡荡奔向大海。

海岸总是不停地向海中延伸，改变原来的位置。地中海最低洼处会成为尼罗河的河床，这是流入地中海的最宽的河流，沿途挟带着所有的支流；波河也带着它的支流，在亚平宁和阿尔卑斯山之间，浩荡流入亚德里亚海。

阿尔卑斯山是全欧洲最高的地方。

14

隆河发源于日内瓦湖，先向西，然后向南，流淌四百英里，

《比萨和里窝那之间的阿尔诺河流域及河流出海口》| 达·芬奇

最后把河水献给地中海。

尼罗河（15–16）

15

埃及人、埃塞俄比亚人和阿拉伯人，骑骆驼横越尼罗河时，习惯于在骆驼身体两侧各挂上两个皮囊，骆驼就靠着这四个皮囊泅过河去。

16

底格里斯河穿越小亚细亚时，依次给穆纳斯、波拉斯和特里顿三个湖带去了河水，落差一个比一个低。尼罗河从埃塞俄比亚三个很高的湖中流出，穿越四千英里，往北从埃及入海，直线距离有三千英里。也有一种说法，说它发源于月亮山，而且还有一些未知的源流。三个湖高于海平面四千意尺，也就是一又三分之一英里，给尼罗河造成每英里有一意尺的落差。

亚速海

17

亚速海是地中海地区最高的部分，从地图上判断，距离直布罗陀海峡有三千五百英里远，有三千五百意尺的坡度，也就是一又六分之一英里，因此它比西部的任何山峰都要高。

达达尼尔

18

在博斯普鲁斯海峡，海水总是由黑海注入爱琴海，而不会由爱琴海注入黑海，那是因为往东四百英里，由河流汇聚而成的里海，总是通过地下岩洞，将水注入黑海。顿河和多瑙河也用同样的方式，将河水注入黑海，所以黑海总要比爱琴海高，水是由高处往低处流，而不会由低处往高处流。

热带国家原住民

19

生于热带国家的人，喜欢黑夜，因为黑夜会带来凉爽；害怕光亮，光亮会灼伤人；所以他们拥有黑夜的颜色，也就是黑色。在寒冷的国家，情形恰恰相反。

《圣杰罗姆》|达·芬奇

第12章
人生格言、箴言与思辨

自然之力（1–2）

1

在很多情况下，事物被两种强大的力量牵引，一种叫“需求”，另一种叫“力量”。水变成雨降落下来，大地由于对水分的需求，将雨吸收；而太阳将地上的水蒸腾而起，不是因为需求，而是凭借力量。

2

动力是所有生命之源。

心理学（3–6）

3

肌体本身总是具备回归整体的趋势，以此逃避破碎的命运。

4

如果想要看看灵魂怎样在人的身体里驻留，可以观察一下这个人是如何使用其日常居所的。也就是说，如果该居所缺乏条理，乱七八糟，那么就可以断定，主宰这个人的灵魂也必然是章法全无且混乱不堪的。

5

为什么在梦中见到的事物，要比醒来时见到的更清晰？

6

一切运动皆需动因促成。

求知和愿望，是人类思维的两种状态。

认识、判断和思考，是人类思维的三种方式。

《老人坐像习作》| 达·芬奇

科学原理和准则（7—12）

7

智慧是经验的女儿。

8

自然中充满无穷变数，这些变数经验里不会有。

9

真理是时光的独生女。

10

机械是数学的天堂，在这里我们能摘到数学的果实。

11

科学是船长，实践是士卒。

12

那些仅凭情感不带理性坠入情网的人，就像不带指南针上船的水手，永远不知道自己会走向何方。

死亡（13—14）

13

在我们的记忆中，所有的邪恶都会遗下悲伤，只有死亡这种邪恶至极的东西，在毁灭生命的同时，连记忆也一块儿毁灭了。

14

要想一天过得好，就要保证睡好觉。

要想一生过得好，就要有个好结局。

愚昧和无知

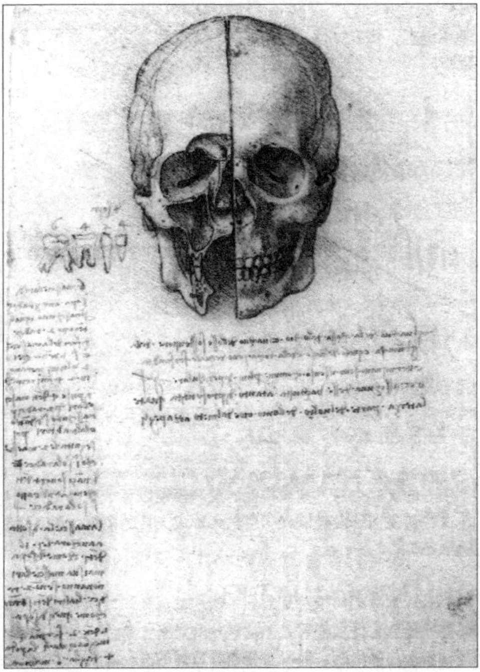

《头颅解剖图》| 达 · 芬奇

《五张怪异的的脸》| 达 · 芬奇

15

愚昧，耻辱的温床；

无知，会导致贫困。

关于财富

16

占有越多，就越害怕失去。

17

梦想一夜暴富，结果终年蹉跎。

生活准则（18—22）

18

人不该对不可能的事心存幻想。

19

想得越少，错得越多。

20

夸赞朋友，大张旗鼓；责备伙伴，切莫公开。

切勿伪造过去。

21

对差劲者多说优点，对优秀者多说缺点。

22

生命因勇气而冒风险，因害怕而得庇护。

恐吓不过是恐惧者的武器。勇往直前的人，很少摔跤。

对于不懂的东西，赞美很荒唐，谩骂更可悲。

《叶与果》丨达·芬奇

第13章
讽喻故事

1

怒气

狗熊去蜜蜂的营地里取蜂蜜吃，蜜蜂群起而攻之，它丢下蜂蜜扑打蜜蜂，结果招来更多蜜蜂的蜇咬，而它连一只蜜蜂也没扑到，气得快疯了。这只狗熊在地上左翻右滚，四肢乱蹬，只顾得护住自己，以求被叮得少些。

2

忘恩负义

鸽子是忘恩负义的典型。鸽子老到一定时候，小鸽子不但不再为父亲找食，而且开始跟父亲对打，直到把父亲撵出鸽巢，把母鸽据为己有，对打才宣告结束。

3

慷慨

据说老鹰不管有多饿，都会把猎物分一些给旁边的鸟。那些鸟自己找不到吃的，都仰赖老鹰为生。老鹰如此慷慨，它们当然不缺吃喝。

4

规则

狼狡猾地绕着畜栏转圈，不巧被一个机关夹住了。它一边嗥叫，一边咬断了自己的脚，算是为自己的愚蠢付出的代价。

5

奉承者

塞壬唱得那么甜蜜，水手们都在她的歌声中睡着了。于是她攀上轮船，杀死了所有睡着的水手。

《熊的草图》丨达·芬奇

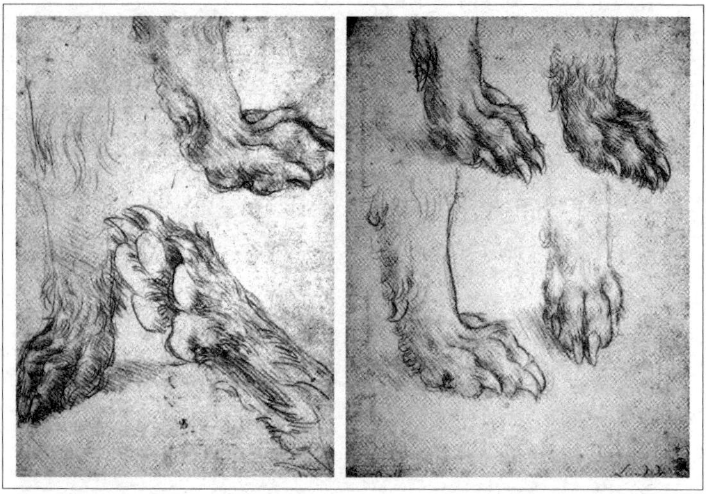

《狗或狼的爪习作》丨达 · 芬奇

6

愚蠢

野牛惧怕红色，猎人用红布把一棵树包了起来。野牛见状，狂乱地冲了上去，结果牛角扎在里面，被赶来的猎人杀死。

7

真相

鹧鸪喜欢偷取彼此的卵，但由卵孵出的小鹧鸪，总能找回自己的妈妈。

8

忠诚

鹤对自己的王无比忠诚，每当夜幕降临，鹤王入睡时，一些鹤就会隔着一定距离，围成一圈守候。另一些鹤守在附近，脚爪抓住一块石头，要是瞌睡过头了，石头落地发出响声，就会把守候的鹤唤醒。其余的鹤则环绕鹤王入睡。它们夜夜如此，轮班守候，鹤王从不孤单。

9

虚伪

狐狸看见有鸟经过时，会忽然躺倒在地，张开嘴，好像死了一般。等鸟想啄掉它的舌头时，它就一口把鸟的头咬下来。

10

躲藏

鼹鼠的眼睛奇小，总是生活在地下。它可以在黑暗中生活很久，而一旦暴露在阳光下，就会立刻死掉，因为它见不得阳光——只能躲藏。

11

勇气

狮子从不惧怕，总是无比勇猛地与成群的猎人搏斗。谁最先伤它，它就一定要咬住他。

12

胆怯

兔子是如此胆小，秋天的落叶都会吓着它，驱它飞逃。

13

永恒

凤凰身上体现了永恒，它生来就能重生，能忍受熊熊烈火的煎烤，在烈焰中复活。

14

轻浮

燕子是最轻浮的，它总是在飞，哪怕一丁点不适，它都受不了。

15

自制

骆驼是欲望很强的动物，可以尾随异性远行千里。可是如果你把它跟它的母亲或姐妹拴在一起，它宁可撇下她们独处。所以说自制是骆驼的天性。

16

温顺

最温顺的例子莫过于羔羊，羔羊被作为食物放进狮子笼时，那温和的姿态就好像它是狮子的妈妈。因此在很多情况下，狮子

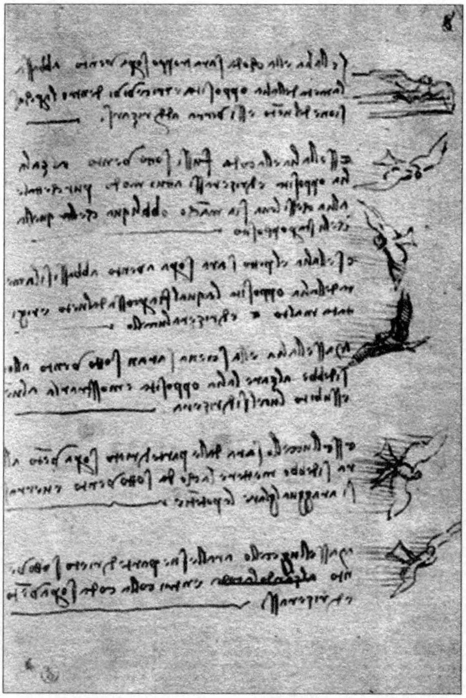

《鸟的飞翔原理图》丨达·芬奇

这是《论鸟的飞行》手稿中的图与说明文字，约完成于 1515 年，现藏于意大利都灵皇家图书馆。

《圣婴与羔羊》| 达 · 芬奇

不忍心吃掉它。

17

忍受

野驴找到一眼井时，如果发现水质混浊，哪怕再渴，也会忍住不喝，等到井水澄清后，才俯下头。

18

忠贞

斑鸠从不欺瞒配偶，如果有一方先死，另一方就保持忠贞，再也不停歇绿枝，再也不喝一口水。

19

不贞

出于无度的欲望，蝙蝠无视通行的配偶法则，时常见公蝙蝠与公蝙蝠、母蝙蝠与母蝙蝠杂居乱交。

20

荣耀

这是一种亚洲的鹰，它的羽毛是如此耀眼，以至可以遮掉自己的身影。哪怕它死了，羽毛也依旧闪亮，而且不会掉落。但如果羽毛被拔下，光亮随即消失。

21

塘鹅

这种鸟格外疼孩子，要是发现孩子被毒蛇咬死在鸟巢里，它就会刺穿自己的心脏，将孩子沐浴在汩汩的鲜血里，直到它们复活。

22

蜥蜴

蜥蜴没有消化器官，靠火中取食为生，并在火中更新鳞状皮肤。蜥蜴不怕火，火中练外壳，这是一种美德。

23

嫉妒

我们所了解的鸢，会在它觉得巢中孩子长得过大时，出于嫉妒啄咬它们的身体，并且不给它们提供食物，令其挨饿。

24

快活

快活这个词很适合用在公鸡身上，公鸡很容易满足，给点阳光就灿烂，会以各种各样活灵活现的动作报晓打鸣。

25

和平

我们知道，海狸被追赶的时候，它很明白自己的睾丸有药效，所以才遭到追猎。于是，一旦清楚自己没法逃脱，它会停下来，向追猎者求和，用锋利的牙齿将自己的睾丸咬掉，将它留给敌人。

26

天鹅

天鹅浑身洁白，没有瑕疵，临死时会唱美妙动听的歌，用那首歌结束自己的一生。

27

草蜢

与杜鹃一道，它在寂静中歌唱，死于油锅，在醋中复活，在酷热中唱着自己的歌。

《混战中的马》丨达·芬奇

28

蝙蝠

世界越是明亮，这种生灵就越是看不见，就像越是注视太阳，就越会晕眩——这种东西身上只有邪恶，绝不会有美德。

29

鹧鸪

这种鸟由雌性变为雄性后，不再记得自己原先的性别，它们出于嫉妒，互相偷窃鸟卵藏匿起来，但孵出的小鸟总能找到自己的妈妈。

30

燕子

燕子用白屈菜的味道，为失明的孩子指引方向。

31

牡蛎

牡蛎在满月时张开嘴，这时螃蟹爬了过来，朝里面扔一块石头或一把海草，牡蛎的嘴就再也合不上了，只好听任螃蟹一顿饱餐。张嘴说出自己秘密的人，很可能被背信弃义的倾听者所捕食。

32

蛇怪[1]

所有的毒蛇都惧怕这种生灵，但鼬可以带着芸香的味道咬死它。

1　蛇怪（basilisk），在欧洲人当中传说的一种怪物，形状类似龙和蛇，据说人只要被其看见，就会立刻毙命。

33

角蝰[1]

它的毒牙可以立刻致人于死地。它连耍蛇者的指令都听不见，因为它用蛇尾塞住了自己的耳朵。

34

蝮蛇

蝮蛇交配时，母蛇张嘴用毒牙咬死公蛇。小蛇在母蛇腹内长大，挣破母蛇的肚子，杀死自己的母亲。

35

鳄鱼

鳄鱼逮住人就立刻咬死，然后放声悲鸣，还流出眼泪，哭过后才把人吃掉。虚伪者为了一丁点小事，也会泪流满面，可是一副怜悯的面具后面，藏着的却是一颗蛇蝎之心。

36

蜘蛛

蜘蛛吐丝，结出精致的蛛网；蛛网捉住食物，以此作为回报。

37

狮

幼狮出生后三天，雄狮就开始用狮吼抚养它，唤醒它所有沉睡的感觉，令山林中的所有野兽逃之夭夭。

抚养孩子也是一样，在赞美声中长大，在光荣的学习里成长，会激励孩子的美德；如果回避有道德操守的人，孩子就会蝇营狗苟，枉此一生。

1　角蝰（asp），生长在非洲、欧洲和阿拉伯地区的一种毒蛇。

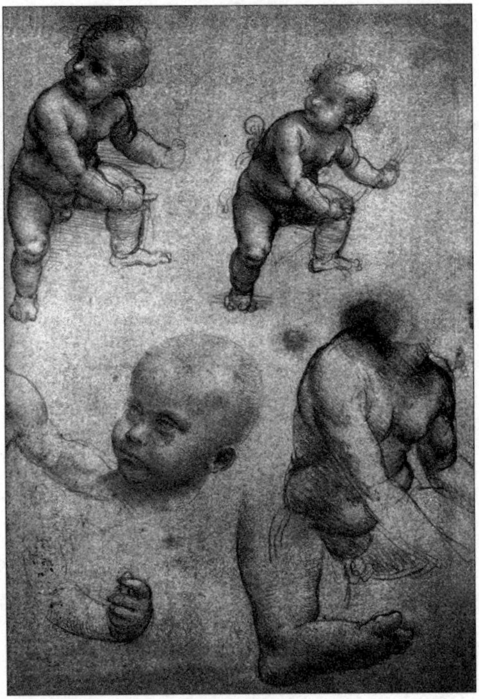

《圣婴习作》丨达 · 芬奇丨约完成于 1508 年

还有呢，狮子会掩盖自己的踪迹，不让敌人知道自己从哪里经过。人也要学会隐藏自己心中的秘密，别让对手察觉自己的用意。

38

狼蛛[1]

被狼蛛咬上一口，人的脑海里会只剩下一个念头，那就是被咬时正在想的那个念头。

大象（39—40）

39

大象生来就诚实而谨慎，公正而温顺，这些都是人所罕有的。每当新月高挂，它们就会走进河水里庄严沐浴一番，朝星空行礼致意后，才又回到山林中。生病时就躺倒在地，向天空抛撒植物，宛如献祭。老迈掉牙时，它们会掩埋自己的两根长牙——这两根长牙，它们使用了一生，一根用来掘取树根食用，另一根保持锋利，以便随时搏斗——要是因精疲力竭被猎人逮住，它们就把掩埋的象牙挖出来，赎回自己。

40

大象温良而警觉，要是它发现一个人独自迷了路，又比这人更早发现他之前的脚印，就会把他送回他迷路的地方。由于害怕被人出卖，它又会向其他象发出信号，指点踪迹，以警觉的队形行进。

大象常常列队行进，年长者领头，年岁排第二者断后，其余的象组成中间的队列。

1　狼蛛（tarantula），这里指的是一种多毛剧毒的大蜘蛛。

出于害羞，它们只在夜间悄悄交配，归队前先要到河里净身。

母象不与其他动物搏斗。

大象是很仁慈的，生来就不想伤害弱者，要是在行进途中遇到羊群，它就用象鼻把羊拨到旁边，以免踏伤对方。要不是遇到攻击，绝不会伤害任何动物。

要是哪头象掉进了陷阱，其他象就会用树枝、泥土和石头把陷阱垫高，以便那头象爬出来。

大象害怕听见猪叫，总是很困惑地逃开。它们不想踏着自己也不愿踏着敌人。喜爱河流，虽然因为身体过重不能游泳，但也经常在河边漫步。

它们咀嚼石头，最爱吃树枝，但是特别怕老鼠。

苍蝇喜欢大象身上的味道，总停歇在大象背上，大象则用皮肤的皱褶夹死苍蝇。

41

大象过河时，将幼象护送到湍流处，然后挺身挡开河水，以免激流冲走幼象。

龙钻到大象身体下面，用龙尾缠住象腿，用龙翼和龙爪粘住大象的肋部，用龙牙咬大象的咽喉，大象轰然倒下，将龙压死，以自己的死向敌人复仇。

42

野牛

野牛颈脖处长着鬃毛，有点像马，但其他部位都像公牛，只是牛角内翻，无法冲刺，所以它没有安全感，总是奔逃。它跑得如风如火，可以一路撒下四百意尺远的粪便。

《龙的头像》 | 达 · 芬奇

43

利爪

雄狮、豹子和老虎，平日都将自己的利爪藏在鞘里，只是在扑到食物或敌人的背上时，利爪才派上用场。

44

母狮子

母狮在保护幼狮免遭猎人毒手时，为了避免自己惧怕猎人的长矛，眼睛就死死盯着地面，这样就不至于逃走而让幼狮落入敌手。

45

雄狮

雄狮很吓人，但它除了害怕空车的轱辘声外，还特别害怕公鸡的打鸣声。要是看见一只公鸡，它会满眼恐惧瞪着鸡冠，要是把鸡头裹起来，它更会吓得魂飞魄散。

46

非洲豹

非洲豹有点像母狮，但因为腿长，个头要更高，也更苗条，身形要更长。它全身雪白，布满黑色的玫瑰形花纹。许多动物都爱看这些花纹，要不是因为它的脸太可怕，动物们会围上来欣赏的。非洲豹明白这一点，就把脸藏起来，周围的动物见状，胆子又大了起来，纷纷上前，以便欣赏这美丽的图案。而非洲豹这时就会一跃而起，咬住挨得最近的一只作为美餐。

47

骆驼

贝克特骆驼有双峰，阿拉伯骆驼只有单峰。骆驼作战敏捷，经常被用来驮运货物。这种动物最讲规矩和分寸，如果驮运的东西超过它的能力，它就不走；走的距离太远，也是一样，它会忽然歇下来不动。这时，贪婪的商贩只好停下来安营扎寨。

48

埃塞俄比亚怪兽

这种动物是在埃塞俄比亚的尼格里卡波水源被发现的，个头不是很大，行动迟缓。由于脑袋过于庞大，显得很愚钝，为此脑袋经常歇在地上。好在如此，要不埃塞俄比亚怪兽会是一种极端祸害人类的动物，因为任何人只要被它双眼盯住，立刻就会死掉。[1]

49

鳄鱼

尼罗河里有这种四足两栖动物，在所有可怕的生灵当中，只有它是没舌头的，而且咀嚼时只动上腭。它可以长到四十英尺长，有脚爪，身上的厚甲足以承受重击。鳄鱼白天生活在岸上，晚上泡到水里，抓鱼作食物，喜欢歇在尼罗河岸上，张开嘴睡觉。有一种名叫鳄鸟[2]的小鸟，会立刻飞进它的嘴里，在牙齿间

1 也有一种说法，说它呼出的气体有毒。

2 鳄鸟（trochilus），又名柳莺。

《骑马图》| 达·芬奇

跳跃，啄食残余的食物。此时的鳄鱼舒服极了，就把整个大嘴都张开，然后睡觉。猫鼬一直在窥伺，见状就窜进鳄鱼嘴里，穿透它的肠胃，将其杀死。

50

蛇

这种动物要蜕皮时，从头部开始，用一个白天和一个晚上完成蜕变。

51

豹

豹哪怕肠子从伤口掉出，也要继续跟猎人和猎犬决一死战。

52

变色龙

变色龙总是将自己变成所栖之物的颜色，因此常常与树叶一道被大象吃掉。

53

乌鸦

乌鸦误吃变色龙后，会赶紧吃月桂叶子做泻药。

54

猎鹰

猎鹰不抓小鸟，吃过腐肉立刻死掉。

《狼与鹰的寓言故事》| 达 · 芬奇

第14章
寓言

动物寓言（1–7）

1

牡蛎与耗子

在海边一间渔民的屋子里，牡蛎与许多鱼一道被打捞上来，它央求耗子送它回大海。

耗子想吃牡蛎的肉，就要牡蛎张开嘴。刚想咬牡蛎，却被牡蛎夹住了脑袋。

这时一只猫赶了过来。

2

飞蛾与蝴蝶

一只自负的飞蛾四处游荡，对自己只能在空中飞翔很不满意。

忽然，它被蜡烛的光焰深深吸引，决心飞扑过去。

可这样做的结果很简单，倒霉的飞蛾烧焦了美丽的翅膀，一下就掉到烛台旁边。

一阵痛悔之后，飞蛾抹了抹泪眼，抬头叫道："哦，骗人的光芒，你诱骗了多少像我这样的飞蛾！我既然已经真正见识过你，又怎能不相信，那虚假的太阳是肮脏的牛油做成的呢？"

3

猴子与小鸟

一只猴子发现一个鸟巢，欢欢喜喜地摸了上去。

鸟妈妈和鸟爸爸出去觅食了，猴子只捉到一只鸟娃娃。

它快活地捧着小鸟回到自己窝里，喜欢得不得了，又是亲又是抱，结果把小鸟挤死了。

这个寓言告诉世人，对孩子过于溺爱，只会给孩子带来祸害。

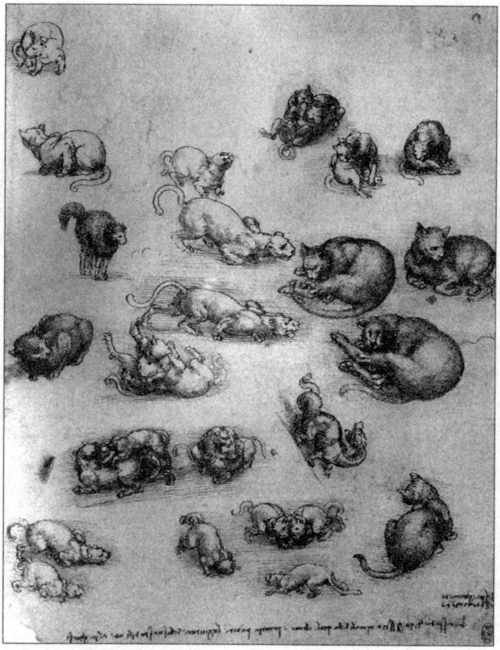

《猫的习作》丨达·芬奇

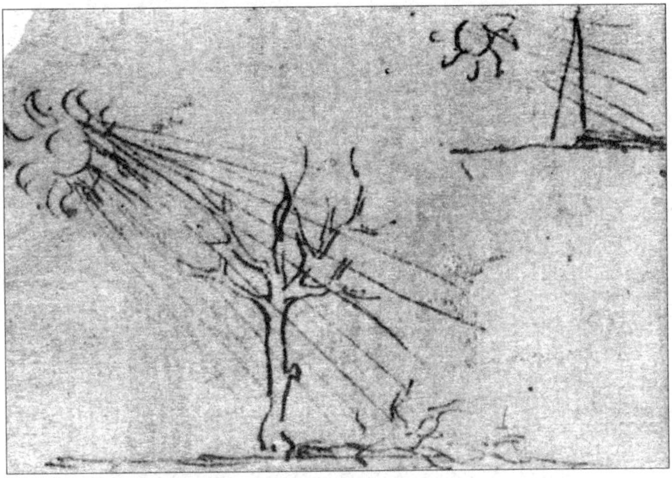

《太阳光照图》|达·芬奇

4

蚂蚁与粟米

一只蚂蚁捉到了一粒粟米。

粟米眼见自己被囚，就央求蚂蚁：“你发发善心，让我完成生儿育女的使命吧，我将给你百倍的回报。”

事实果然如粟米所言。

5

蜘蛛与葡萄

蜘蛛瞅准了一串葡萄，这串香甜的葡萄吸引着蜜蜂和其他小昆虫。

蜘蛛觉得自己找到了一处最适合布网的地方，就设下精巧的蛛网，躲在里面，每天在葡萄串之间来回游弋，像贼一样守候着那些毫无防备的小生灵。

可是没过几天，葡萄果农来了，剪下了这串葡萄，并跟其他葡萄一起榨成了汁。

如此看来，这串葡萄对小昆虫是罗网，对蜘蛛也是一个陷阱。

6

睡觉的驴子

一头驴子跑到冰冻的湖面上睡觉，体温融化了冰面，等它醒来时，已经掉到了湖里，正绝望地往下沉。

7

猎鹰与野鸭

猎鹰眼见自己追踪的一只野鸭，扑通一下钻进了河里，实在不甘心，也跟着扑到水里去，结果发现全身羽毛都湿透了，只能

《山岩与野鸭》丨达·芬奇

在水中挣扎。

这时野鸭从水中探出头，瞅着下沉的猎鹰咯咯直笑。

非生物寓言（8–10）

8

水

水发现自己身上有来自大海的贵族血统，渴望升腾到空中。

它在火元素的鼓励下，变成了非常稀薄的蒸汽，似乎跟空气一样轻。

可是随着越升越高，它遇到了更稀薄、更寒冷的空气，而这时火却抛弃了它，于是它的身体越来越沉重，从空中往下坠落，一下就被干渴的大地咽了下去。

水在土地下被囚禁了漫长的时光，这是它由于自己的罪过所付出的代价。

9

剃刀

有一天剃刀被从用作刀鞘的护套里取了出来，搁到了阳光下。

看着阳光在自己身上熠熠生辉，剃刀很骄傲。它心想："我是不是该再回到理发店里呢？当然不，像我这么精巧的东西，怎么能只起到那么卑微的用场，整天浸在肥皂泡里，刮那些粗俗农民的破胡子，做那些低下的、伺候人的活，真是太不像话啦！难道我命该如此，就该干这种活？当然不行！我要找个清静的地方躲起来，舒舒服服地过日子。"

就这样，剃刀躲了几个月。一天，它从躲藏处出来，抽出刀鞘，看见自己变成了一把生锈的锯子，表面也不再反射阳光。它对自己的模样万分悔恨，说："我的刀锋变成这样，理发师怎么还会用我？闪亮的表面到哪儿去了呀？都被见不得人的锈迹盖住了。"

那些用懒惰代替思考的大脑，也会发生同样的情况，就像这里提到的剃刀，失去了锐利，被无知的锈斑所损毁。

10

石头

一块高地上的石头，刚刚被雨水冲刷出来，看见下面有一条石子路，而这块石头所在的位置，生长着茂密的植物和各色花朵。它看着下面马路上密集的石子，也很想滚到那里去，便对自己说："我跟这些植物待在这里有什么意思呢？我要去跟我的那些兄弟做伴。"

它呼啦一下滚了下去，跟那些石头成了伙伴。

过了一段时间，它发现自己老是不停地被踩压，有时是车轮，有时是铁蹄，有时是旅行者的靴子。这个踢它一下，那个踏它一脚，时而翘起来，时而又被淤泥或动物的粪便所覆埋，而它只能遥望原来待过的那个地方，安宁而清静。

对于那些离开清静环境，去大城市与各色人等杂居的人来说，这个道理也适用。

植物寓言（11—15）

11

梨树与胡桃树

梨树看见自己的邻居胡桃树，结了密集的果实，满心嫉妒，决心也结出那么多果实。沉甸甸的果实那么多，压得它被连根拔起，拦腰折断，倒在地上。

胡桃树总是在路边，向路人展示自己丰硕的果实，结果招致人人朝它投掷石头。

12

无花果与榆树

无花果长在榆树旁边，看见榆树不但不结果实，还用树枝挡住了照向自己果实的阳光，于是就说："喂，榆树，挡在我面前你不羞愧吗？等到我的后代长大成人，看你还有脸见人没有！"

可是无花果成熟时，来了一队军人，他们把果实全都摘掉，连枝条都砍下折断。

眼见无花果被弄得伤痕累累，这时候榆树开口说道："哎，无花果呀，到底是没后代好呢，还是看见后代活得这么凄惨好呢？"

13

胡桃与钟楼

胡桃被乌鸦衔到钟楼顶部。从乌鸦嘴里掉出来时，它央求钟楼帮帮它。

钟楼在上帝的庇护下，建得高大巍峨，钟声悦耳。

胡桃央求，如果不能落到枝叶覆盖的肥沃地面上，就让它落进墙壁的缝隙里。因为在被叼在乌鸦的嘴里时，它就发誓，只要能逃脱，它宁可终生藏在一个小小的窟窿里。

钟楼被胡桃的这番话打动，答应给它提供庇护。

没过多久，胡桃开始在裂缝中长出根须，根须伸向石头缝

《山脉图》丨达 · 芬奇

里，撬开石头，长出新芽。接着弯曲的根须越长越粗，开始撬动墙壁，古老的石头被迫离开古老的位置。

等到钟楼发觉时，一切为时已晚，终于有一天，一个墙角轰然塌掉了。

14

女贞树与山鸟

女贞树眼见傲慢无礼的山鸟用利爪撕扯自己枝条上的新鲜果实，就对山鸟抱怨说："你偷掉了我的果实，我就长不出叶子为你遮挡灼热的阳光，而且你也不该用利爪剥我的树皮呀！"

山鸟气呼呼地斥责道："闭嘴，你这没教养的东西！你难道不明白，你结出这些果实，就是给我吃的，你生来就是给我当食物的？你这卑贱的玩意儿，到了冬天就是火的食物！"

女贞树听见这番话，眼泪汪汪。

没过多久，山鸟被人捉去，关在一个笼子里，做笼子的枝条是从女贞树上砍去的。

看见山鸟被囚禁在自己的枝条里，女贞树说出下面这番话："山鸟呀，我在这儿呢，还没像你说的，被火烧掉。在你看见我被火烧之前，我倒要看看你是如何被关起来的。"

15

栗子与无花果

栗子看见有人揪住无花果的枝条，摘下果实往嘴里塞，用牙咀嚼，很庆幸自己个头高大，就发出簌簌的声音说："哎，无花果呀，你自我保护的能力不行啊！你看我的果实都包裹得严严实实，外面软，里面硬，还有荚。不仅如此，还有一层很坚实的外

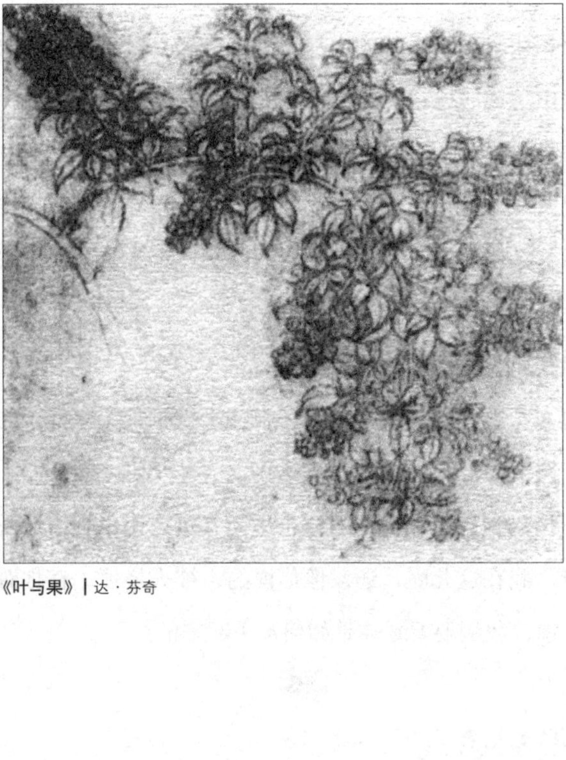

《叶与果》| 达·芬奇

壳，而且挂在高高的树枝上，人的手根本就够不着呢。”

无花果听到这里，忍不住笑起来，说：“人的名堂是很多的，他们会用石头或棍子把你的果实打下来，然后再用脚或石头砸碎，总会吃到你的果实。相比之下，不像你挨石头或棍子，我的待遇还算是比较温和的。”

16

葡萄酒

由葡萄酿成的香醇酒浆，盛在堂皇的金杯里，搁在穆罕默德的桌子上，它正为自己享有的隆重待遇而骄傲。可这时却忽然听到了心里另一种观点相反的声音：“有什么可高兴的呢，我正濒临灭亡，即将离开金杯，灌进人类臭烘烘的肚肠里，由芬芳美味的液体变成恶臭的尿液。还有呢，我得长时间待在阴暗处，与其他脏东西搅和在一起，最后被排泄出来。”它祈求上天公平对待它蒙受的屈辱，结束对它的伤害，虽说这里出产全世界最好的葡萄，但至少不要把它们酿成酒呀。主神朱庇特给穆罕默德喝了酒，令他脑袋里灌满了酒精，让他在狂乱中做了许多蠢事，以至他清醒后制定了一条法律，规定亚细亚人不得喝酒，从此葡萄获得了自由。

葡萄酒一旦进入胃里，就会发酵膨胀，人的灵魂就会脱离身体，四处漫游，脑子也会不听使唤。整个人如同发了疯一般，什么坏事都做，连朋友都会杀。

17

证明

有个人想用毕达哥拉斯的理论来证明，自己早就活在世上了，但另一个人不同意他的观点。这时前者就对后者说：“我记

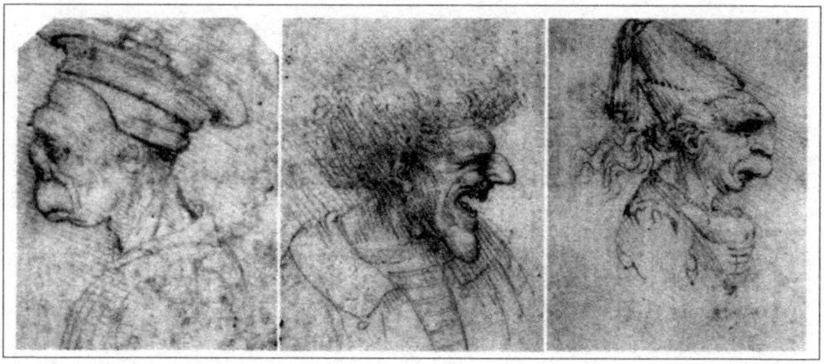

《三张怪脸》┃达 · 芬奇

得你曾经当过面粉厂的老板，这就是证明。”

后者被这几句话刺痛，就说确实如此，但他记得前者是头驮面粉的蠢驴。

18

画家

有人问画家，既然他能画出那么漂亮的静态人像，为什么自己的孩子却那么丑呢？

画家回答说：“画是白天画的，孩子是晚上生的。”

19

眼神

有人对旁人说：“你的眼神真难看。”

旁人答道：“那是因为我看见了你那张难看的脸。”

20

病人

一个病人临终时，听见有人敲门，就问仆人敲门的人是谁。

仆人出去后说，是一位自称玛多娜·波纳的女子。

病人朝天举起胳膊，大声感谢上帝，吩咐仆人赶紧让她进来，以便他死前能看她一眼。他说他活到现在，还没有见过一个好女人。

21

起床

有个人看见太阳已经升起来，就试着从床上起来。他一边尝试，一边对自己说：“要是我像太阳那样，有那么多事要做，那么多路要走，我早就起床了。但我没什么事做，也没什么路要走，所以我还不用起床。”

《圣母子、圣安妮与施洗者约翰》局部 | 达 · 芬奇

第15章
预言

1

基督徒

许多基督徒以圣母的名义和圣子的忠诚修建教堂。

2

灯笼

强壮公牛的牛角，将在夜幕中闪烁光芒，驱散狂野的风。

3

羽绒垫

会飞的鸟，要用自己的羽毛，为人做铺垫。

4

在森林中行走的动物

沼泽越来越宽阔，人将在它们地界里的树林中行走。

5

用兽皮做的鞋

在这个国家的许多地方，可以看见人们蹬着用兽皮做的鞋。

6

圣徒做祷告的画面

他们将对聋人说话；睁大双眼，却什么也看不见；与别人交谈，但得不到回音；向长耳朵的人请求宽恕，对方听不见；他们将给盲人点灯。

7

锯木头的人

会有许多人手握锯片，你送过来，我推过去，但除了消耗体力，彼此倒也并不伤害。因为一个人推过去时，另一个会就势往

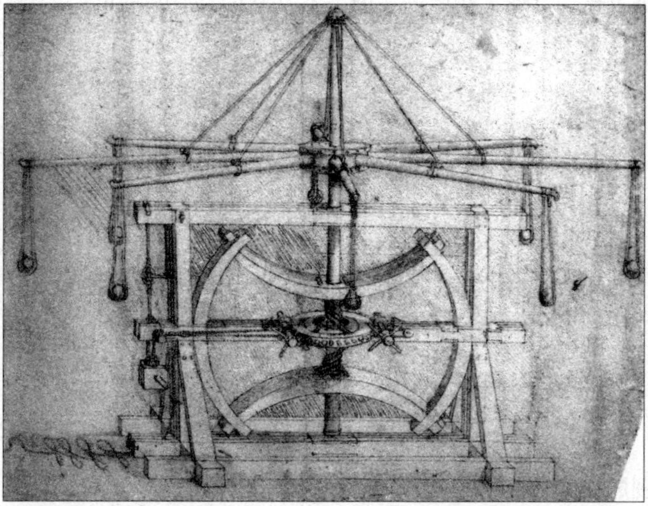

《机械设计图》丨达 · 芬奇

回拉。可是夹在中间的被锯者就可怜了，只有被锯成碎片，事情才会结束。

8

用烤箱烤面包

在每个城市、每块土地、每座城堡和每个家庭，都可以看见这种景象，一个人想吃面包时，会从其他东西的嘴里往外拿，而对方居然毫不反抗。

9

播种

许多活下来的人，会从家里省下来的粮食中，拿出一部分撒到外面，免费提供给野兽和野鸟，不再做任何护理。

10

带走大地的雨水

会有东西从天而降，带走非洲靠近欧洲的一部分、欧洲面朝非洲的一部分。塞西亚[1]一带的国家，将会爆发革命。

11

燃烧的木头

广阔森林的树木，将会毁于一旦，化为灰烬。

12

橄榄树上滴下的油可做灯

从高处落下的东西蕴含巨大的力量，会带给我们食物和亮光。

1　塞西亚（Scythian），古代一个地区的名称，位于欧洲东南与亚洲交界处，即如今的土耳其和叙利亚一带。

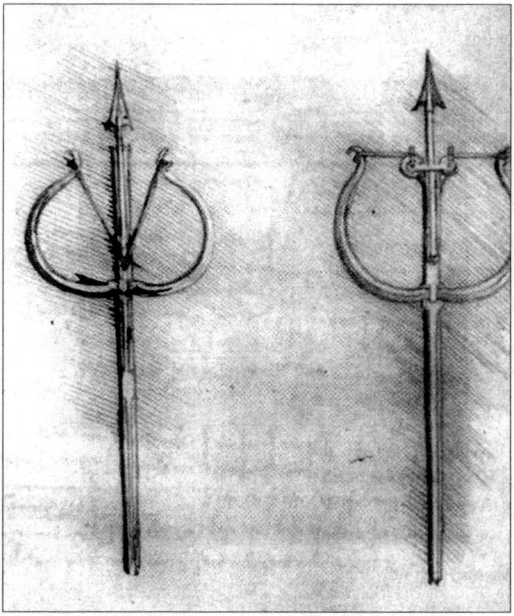

《兵器设计图》丨达·芬奇

13

书写箴言的书籍

这些没有灵魂的躯体，会以其内容，告诉我们箴言，这样我们会死得安然些。

14

用羊角制成的刀柄

把某些动物的角镶在金属上，去猎杀更多同类的动物。

15

看不见颜色的夜晚

总会有那么一天，什么颜色也看不见，这时候所有的一切都是黑色。

16

火

从小小的一点开始，迅速蔓延成广阔。这可不是什么创造力，而是用自己的权力，将一切由一种属性变成另一种。

17

沉船

巨大的、无生命的躯体，将满船生命送向死亡。

18

被吃的公牛

主人将自己的工人吃掉。

19

任何一个点可以将世界一分为二

所有的人都会忽然天各一方。

《牛的习作》丨达·芬奇

20

任何一个点都可划分东方和西方

所有的生灵都可以由东往西，由北往南移动，反之亦然。

21

被吃掉的鸡蛋

哦！多少生命永远无法出生！

22

梦

没有移动，却在行走；没有在场，却在交谈；没有说话，却能倾听。

23

蚂蚁

这种小生命组成许多族群，将孩子和食物藏在漆黑的洞穴中。整个家族长年累月生活在黑暗里，不需要任何光，人造的和自然的都不需要。

24

蜜蜂

蜜蜂的储藏将被劫掠，没吃没喝，被人类毫无道理地残忍淹死。哦，公正的上帝，你为什么不阻止你的子民这样胡作非为？

25

绵羊、母牛、山羊和其他

它们的无数幼崽将被开膛破肚，大卸八块。

26

胡桃、橄榄、橡子、栗子和其他

大量果实被从母体上揪下来，扔到地上，任人践踏。

27

襁褓里的孩子

哦，滨海的城市，我看见你的市民，无论男女，都被不同于你们语言的强人用粗藤紧紧缚住手足，而你们只能叹息悲伤，为失去自由而泪流满面。那些捆绑你们的人，不明白你们为什么这样，你们也不明白他们为什么这样。

28

被抽打的驴

哦，上帝，你为何如此偏心，对一些子民，你是温存的母亲，而对另一些，却又是残忍的后妈？我看见你的孩子沦为奴隶，辛劳换来的，不但不是回报，反而是最严厉的处罚。他们付出终生，把别人养育得脑满肠肥，得到的却是无情虐待。

29

睡木板的人

人应该在森林中休息，进食，应该生活在树林里和开阔的原野上。

30

随人移动的影子

人和动物不管逃到哪里，影子都会紧紧相随，一个移动，另一个就跟着移动。有趣的只是，影子所呈现的长短各有不同。

31

睡觉时吹灯

有的人吹得太用力，这样会伤及视力，接着还会伤及知觉。

32

驴

驴子干最重的活，还要承受饥渴、不适、鞭打、谩骂和诅咒。

33

马背上的大兵

许多人会被大动物驮着，跑来跑去，直至丧命。

34

拐杖

这根没生命的东西，一旦舞动起来，会让许多生命感到痛楚，在嚎叫中逃开。

35

写信由一地到另一地

人们可以与最遥远地方的人说话，并得到回答。

36

倾听忏悔的神父

悲伤的女人出于自己的意愿，可以向男人袒露所有的罪恶、耻辱和最隐秘的行为。

37

出卖天堂

许多人会不经物主许可，公开出售昂贵的东西。这些东西并不归他所有，也不由他掌管，末日审判也阻止不了他。

38

被抬走掩埋的死者

人们会为他们在路途两旁点亮许许多多的灯，可是他们什么

《骑马的士兵》| 达·芬奇

也看不见。

39

雪堆上的雪

在其他雪的尸骨上生长。

40

在鸟羽上睡觉

许多人不顾自己的声名，死一般地攀伏在从其他死者身上劫掠来的战利品上。

41

云

大海的一部分，会飞向天堂，久久不归。

42

炮火

哦，多少琼楼玉宇，因为火而化为灰烬。

43

云

海水会升到山顶，升向天堂，又降落到人居住的地方。

44

掠海而过

森林中最大的树木，会在狂风的席卷之下，从东边吹到西边。

45

播种

人类会抛撒自己的食物。

46

费解

人类将听不懂彼此的话，就像德国人听不懂土耳其人。

47

出嫁

父亲把女儿交由别的男人托管，放弃以前所有的看护。

48

掷骰子

死者的骨头被人掷来掷去，决定贫穷与富足。

49

球类游戏

这些动物皮做的东西，会让人不再沉默，要么狂喊乱叫，要么恶声咒骂。

50

风笛

风从动物皮下穿过，有人便随之翩翩起舞。

51

胡桃树

哪棵长得最好，哪棵受的折磨也最多。果实被生吞活剥，树枝被扯弯折断。

52

脂肪

吃草料形成的东西，可以点亮夜晚如同白昼。

《女孩与马》| 达·芬奇

53

马车和船舶

没生命的东西时常满载生命。

54

病人

人会变得如此可怜，别人因他患病而挣钱，或者用他的财产去换取健康，他还为此而高兴。

55

死在壳里的海扇和海螺

多少这样的东西，在自己的住宅里死去，烂掉，给周围带来恶臭。

56

背负金银的骡子

多少财宝搁在四足动物的背上，被驮往四面八方。

57

鹳叼蛇

大蛇飞长空，与鸟殊死斗。

58

枯草

无数生灵会被饿死，无边荒原将被造就。

59

修鞋匠

他们会高兴地看到自己修补的东西烂掉。

《女孩与马》丨达·芬奇

60

螃蟹

螃蟹守在一块石头下，等候捕食路过的小鱼，可是石头被上面的岩石压垮了，于是螃蟹也被挤碎了。

61

金丝雀

金丝雀给笼中的雏儿喂食。与其失去自由，还不如死。

62

背囊

羊用它来携葡萄酒进城。

63

假的总也藏不住

冬天一切都藏在雪中，夏日所有都水落石出。

64

百合

百合植根于提西诺河岸边，湍流涌来，洗劫了河岸，也卷走了百合。

65

比喻

用没有烘焙过的泥巴做成的花瓶，跌碎了还可以重做，烘焙过的，就不可以。

66

铅笔与铅笔刀

《战车设计图 1》丨达·芬奇丨大英博物馆藏

铅笔要有铅笔刀做伴才好，这是一种有益的伙伴关系，任何一方离开另一方都不好。

67

武器

人造的武器刀剑，会削掉人的天然的武器——指甲。

68

穿衬衫干活的农夫

暗影将从东方升起，遮天蔽地盖住整个意大利。

69

理发师

所有的人都会去非洲避难。

70

可怜人

可怜人会被奉承，而奉承者是骗子、强盗和杀死可怜人的凶手。

71

金子与钱

一种东西从矿坑里出现，让天下人蒙受无限苦役，渴盼得到的，就是由它变作的金钱。

72

害怕贫穷

这个可怕的怪物给人类造成巨大的恐惧，人们像疯子一样争相逃避，以为自己正在摆脱它那无所不在的控制。

《战车设计图 2》 | 达 · 芬奇 | 大英博物馆藏

73

两兄弟

我们是两兄弟，我们每人都有一个兄弟。这样说话好像两兄弟变成了四个。

《达·芬奇像》| 版画

附：哈达主义

（中国）米子 著

别人哈韩、哈日，我哈达·芬奇。从译达·芬奇，到写达·芬奇，有意趣盎然之感，这也许就是我的“哈达主义”。

——题记

一　达·芬奇的名字

一定有些什么，是我们不能言说的东西，从时间的缝隙里和万物一起滋长出来，界定了人们的常识和经验。比如说一个名字，当你知道他叫这个名字的时候，你知道他在别的地方、别的时代，有人叫他另外的名字吗？

就拿达·芬奇来说，研究意大利文学的吕同六先生，叫他“芬奇镇的列奥纳多”。因为“达”在意大利语里是“在”的意思，“芬奇”则是意大利的一个小镇，也就是达·芬奇本人的出生地，而达·芬奇的全名是“列奥纳多·达·芬奇”。就像中国人以前自报家门叫“燕人张翼德”和“长山赵子龙”一样，我们熟悉的“达·芬奇”就变成了“芬奇镇的列奥纳多”。

可是约定俗成，如果达·芬奇改名叫“列奥纳多”，我会在第一时间想起《泰坦尼克号》男主角的名字莱昂纳多·迪卡普里奥，而不是别人。网上有台湾网友谈论两岸的翻译，说台湾的“梵谷”到大陆变作“凡·高”，好像就成了普通人——如果都这样望文生义的话，大陆的“达·芬奇”，到了台湾变作“达文西”，是不是就失却了他旷世少有的磊落英奇了呢？据说这位大画家是文武双全，单手便能掰断一只马蹄铁。

罗密欧与朱丽叶，30年代有旧译叫做“柔蜜欧与幽丽叶”，既“柔”且“幽”，不光“丽”而且“蜜”，在当时可谓非常之

《马与骑手》|达·芬奇

鸳鸯蝴蝶而罗曼蒂克，是很新派的事。可是放在今天，却怎么看怎么觉得外国人跟我们不像用同一种材料做的，倒像是菠萝蜜一般的水果，或者，至少也是幽兰护肤霜之类。

阳朔西街，清康熙年间便已得名，民国时期赶时髦，改名叫“西马路”，可能那时候“马路”是一种大都市里才有的东西，说出来会比较铿锵有力。比如要是有人一拍胸脯说“我到过上海的四马路”，蒙蒙小地方人，还是很有气势的，谁会去深究那是当年的一条花街柳巷呢！同一条西街，文革时改名叫“东风路”，表示要以“东风压倒西风”。这种荒谬的更名事件，在当时全国许多地方都发生过，之后的事大家都知道了，又一起改了回来。

以上说的是由于地域和时间的不同，而造成人们对名字接受上的差异。也有完全因为断句理解不同，说出来的名字就有天壤之别的。比如外地人到北京，会把“东四/十二条”断作“东四十二/条”——北京可真大，光东边就有四十二条！再比如外地人买苏州名优特产“真正/老/陆稿荐”的酱汁排骨，不知“陆稿荐”是一老字号，容易断成“真正/老陆/稿荐”。“老陆”反正是一了不起的创始人，以为这一点毫无异议，以为“稿荐”跟“推荐”粘点边，殊不知它在苏州话里，是“草垫”的意思，而“老”是正本清源，廓清所有冒牌货。

名字这东西，习惯成自然，是文化的一种鲜活表征。即便是在名字这么小的事上，有时候有了分歧都难以互相说服，更何况其他。赛珍珠写她旅居中国数十年的“异邦客”母亲时说过一句话，大意是说，一个人要属于一种文化，必须与它同生共长，容不得半点抽离。如今东奔西走的人多了，不时的“抽离”常常在所难免，知道达·芬奇叫达·芬奇，也不排除人家有时候在有的地方叫叫别的名字。

二　所有人都会忽然天各一方

“所有人都会忽然天各一方。”达·芬奇用这句话来阐释他的数论：任何一个点可以将世界一分为二。他真是个天才，值得接受我穿越时空的敬意。

一个点的力量，就足以令我们生离死别。可我们永远不知道，命运的这个至关重要的点，到底潜伏在哪里。所以，我们甚至都还来不及设防，就已然天各一方。

杰跟静从小就认识，他有点喜欢她，到底有多少，她并不太清楚。不仅不清楚他的喜欢到底是不是那种喜欢，也不清楚他的喜欢到底要达到什么程度，才是那种喜欢。假如这也算缘分，他们的缘分开始于大家都很纯同时也很蠢的年纪，谁都没有行事的参照系，只知道摸着黑往前走。

她在心里以矜持为笨拙的借口，始终没什么可圈可点的表现，只记得“喜欢”两个字他似乎是说过的，却从头到尾，两个人连手都没拉过。N年以后她想起他来，凸显在记忆底片上的是，她跟他在校园的湖边走，他忽然刻意从她左侧绕到右侧，然后说：“风大，我帮你挡一挡。”至此她才意识到，至少在这件事上，他曾真心待过她。

但这又有什么用呢，此时他们早已相隔半个地球，不见面的时间里，半代人都长出来了。她对自己说，怀念就是怀念，不需要有

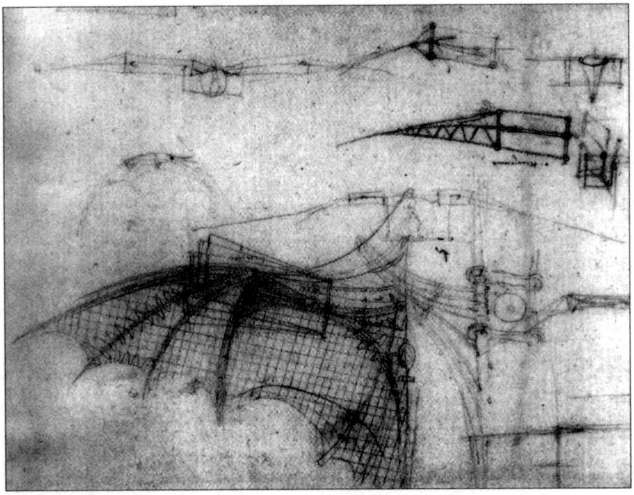

《飞行器设计草图》 | 达 · 芬奇

什么用处，而且他之于她只是一晃而过，并不那么重要。然而，重要的人就留得住吗？经历过一些事以后，她已经不那么认为。她始终想不起，是哪一天、哪一件事让她和那个并不重要的男生从此分开的。无论如何，这么长久而真实的分离好像有点严重。如果命运真有一个点在起作用，那就是她的盲点了，她想。

杰这个人殷勤健谈，爱好运动。他的确喜欢过静，但他还喜欢过很多人。他是那种很容易就喜欢上别人的人，图书馆的女孩，游泳池的女客，或者现在那个常在教堂相遇的女教友。每一次的喜欢，他都付出了真心。他喜欢的好像不是哪一个具体的人，而是喜欢本身，只要觉得自己还有喜欢的能力和状态，他就很放心。他的人生似乎充满了不安全感，是从一次喜欢到另一次喜欢之间的一路狂奔。

所以每个和他有点渊源的女子，就像记录他人生的里程碑。就连他精明的母亲和漂亮的太太，也成了他前怕狼后怕虎的明证。这两个女人，分开来就各捏住他一只耳朵往里面灌注影响，凑在一起就在他的后院大张旗鼓地上演虎狼之争，争鸡毛蒜皮，争蝇头小利，还有对他明里暗里的控制权。他其实是个不那么快乐的男人，觉得生活时而像是沸点，时而像是冰点，反正都是没有任何悬念的顶点。

杰跟静的重逢是在网上。那时他正经历一场不伦之恋，暗渡陈仓把太太的闺蜜变成了他的小蜜。小蜜结婚了，丈夫不是他，他还要装作没事人一样，和太太一起去婚礼上充当伴郎和伴娘。婚礼照片上，他是四个伴郎中唯一不笑的那个，不光不笑，还带点哭相。照片发给静，她只是觉得他实在是个老实人——没准新娘这会儿正检阅她自己的婚前相好团队呢；没准闹得比他更凶的人，这会儿一点痕迹都不露，正有头有脸地站在他一旁呢。真有意思，当初静是杰喜欢的人，现在却成了为喜欢别人的杰支招的人。

可是又有什么用呢，并不是所有付出的真心都能有及时的回报，并不是所有喜欢的人都可以相伴终生。当初和静怎样分开的，杰也记不清了，回忆模糊如后来的若干次分手。可以预期的是，以后想起小蜜结婚做了别人的新娘这份痛，他也可能会渐渐麻木。分开这么长时间，静还是能劝住想要寻死觅活的杰——当然，可能他压根就是想被她苦口婆心地劝一场，才装出要死要活的样子。即便这样，命运还是有分开他们的那个点——十二点。

十二点一到，她就准时下线。

三　姚明三岁有多高

姚明三岁有多高，我不知道，但我可以算出来，依据是达·芬奇的一句话。

达·芬奇说：“任何人，三岁时的身高是其成年后身高的一半。”

达·芬奇是奇才，是文艺复兴时期“巨人中的巨人”，他说过很多很经典的话，比如“眼睛是心灵的窗户”、“绘画是自然的女儿”等等。一个人经常语出惊人，久而久之会被大家习以为常，觉得只要是他说出口的话，不经典才怪。因此反而对这些话失去敏锐的第一反应，变得不知不觉。

上面这句话就是一个例证。我拿它对几个当爸当妈的朋友

《圣婴》|达·芬奇

本图是《手持康乃馨的圣母》的局部。

说过，他们十之八九在一开始完全不当回事。我只好进一步解释说，知道“三岁看老”这句话吧，这是中国人对形成一个人性格习惯最重要的人生前三年的概括。而达·芬奇这句话的意思是说，三岁时就能知道一个人长大后有多高，是对人生前三年影响体格发育重要性的一种总结，与“三岁看老”可谓异曲同工。看来，无论西半球的意大利人还是东半球的中国人，在对三岁以前这个阶段的重视上，英雄所见略同。

直到这时，大家才如梦初醒，以至有几位冷汗涔涔：“啊？他真的这么说？我家小宝三岁时并不高呀，这下玩完了。”

我不知道自己三岁时的身高记录，因此无法亲自验证这句话到底灵不灵验。达·芬奇将这一论断说得如此肯定，我相信他是有依据的。在他所生活的十五、十六世纪，哪怕很多意大利人还没有保留三岁时身高记录的习惯，我也敢于推断，这个对科学实验一丝不苟，敢于弃宗教禁律于不顾，解剖三十多具尸体以求证人体比例的科学狂人，他可以做到多年跟踪采样，把一些人三岁时的身高和成年后的身高拿来做比较。

当然，他说的只是一种普遍现象，并非对每个人都那么整齐划一。比如他说一个人的手长与脸长相等，指的是可以用来入画的人体比例标准，而我自己的手指指尖，就触不到发际，但我决不会因为套用老达的理论，得出自己要么手短、要么脸长的结论而郁闷得去撞墙。一个人三岁以后如果身体患病受伤，其成年后的身高也有可能达不到三岁时的两倍。

达·芬奇的另一个论断可以让我们对身高的脆弱进一步加深印象。他说，跪着的人，身高会损失四分之一。林志玲从马上摔下来，媒体不放过她，马上去拍，只见伊人苍白着小脸坐在轮椅里，躺在病床上，跟其他病号没什么两样。人生无常，多高的人，躺倒了什么也不是。

钱穆总结过，东方发展宗教，偏重情感，软心肠；西方发展科学，偏重理智，硬心肠。他毕生研究的是中西文化应怎样结合，才能软硬适度。现在全球一体化的结果，是中国人向欧美新人生观看齐，美其名曰“国际接轨”。偏重体能实用，放松内心教化，孩子的心智修养并不和身高一起见长。三岁时的身高是看得见的，父母可以拿来炫耀；而三岁时的灵魂心性，也许看不见，却并不等于无足轻重，它是一个生命未来人生发展的重要基础参数。

喜欢姚明的原因，不仅因为他高，而且聪明得体。他去美国以后英语学得很快，在媒体面前应对自如，做中国人做得理直气壮，眉宇间自然坦荡，在美国观众里人缘极佳。他目前的身高在网上有很多版本，从二米二三到二米二九不等。如此算来，姚明三岁时应该已经有一米一到一米二的样子。呵呵，小小巨人，那时随父母乘车或是逛公园，或许都不再能享受免票待遇。谁知道失之东隅，收之桑榆，当年损失小小，日后终成大器。

四　徐霞客与达·芬奇

中外文明发展史上有这么两个人，放在一起比一比，能比出很多饶有兴味的异同来。一个是达·芬奇（1452–1519），另一个是徐霞客（1586–1641）。他们分别生活在意大利的文艺复兴时期和中国的明朝时期，相差不过数十年。

两人都同时涉猎艺术和科学领域，先看看后人给他们安的头衔。达·芬奇是艺术大师、科学巨匠，徐氏是旅行家、地理学家、文学家。徐霞客还被盛赞为“千古奇人”以至“霞仙”，但这只是老百姓的说法。中国民间倍加推崇一个人时，会开除他的“人”籍，让他成仙，至于成仙以后怎么样，就没了说法。达·芬奇被誉为“文艺复兴三杰”之一，得到权威如恩格斯的褒扬，说他是“巨人中的巨人”。人依旧是人，但在人类文明史上的地位却因此而坚如磐石，不可动摇。

两人都长相英俊，体格健壮。达·芬奇的传记作家瓦萨里这样写他：“上天有时将美丽、优雅、才能赋予一人之身。”据说达·芬奇不仅道德高尚、举止优雅，而且力量过人，单手就能掰断一只马蹄铁。给徐霞客写墓志铭的陈函辉说，徐氏“磊落英奇，目空万卷”，在高处能为鸟，在险处能为猿，下了水能为鱼。但徐氏是绝无仅有的化外之人，作为一个落第秀才，他选择了离经叛道的游历之路，对同代知识分子热衷考虑的或仕或隐，他无意深究。而达·芬奇无疑是主流社会的宠儿，要么与米兰大公书来信往，要么被法王弗兰西斯一世待若上宾。

两人都创造了世界之最。达·芬奇是世界上第一位将科学与艺术结合起来进行缜密思考的人，他的创造性活动得到了当时贵族阶层和教会组织的大力资助。徐霞客是世界上第一位对喀斯特地貌进行大规模考察，并做了详细记录和深入研究的人。但他毕生的游历和考察都是自费，没得到过任何政府资助。所幸有二，一是他江苏江阴的家还算殷实，二是他身体棒，能吃苦。

两人都做过很多吓人的事。达·芬奇不顾宗教禁令，偷偷解

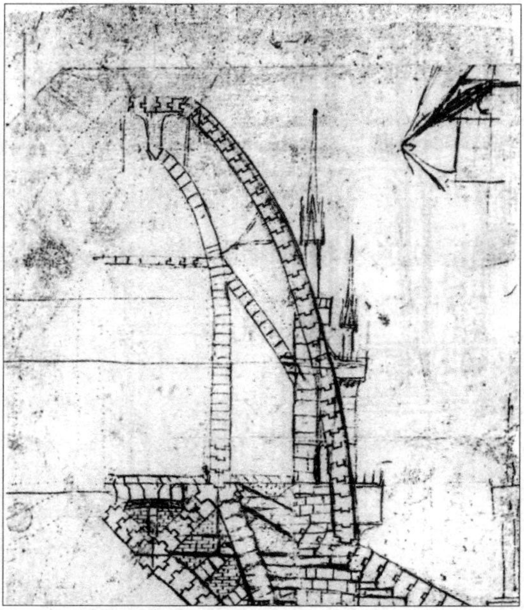

《拱顶设计草图》丨达·芬奇

剖过三十多具尸体，常常伴着摇曳的烛光和面前残碎的尸块，研究人体构造，探索生命奥秘。徐霞客喜登绝顶，爬到高处无路可退时，他要么“投崖而下”，要么“乱坠而下”。据史料记载，他这人“能霜露下宿，能忍数日饥，能逢食即吃，能与山魈野魅夜话……”，令人崇敬。

两人都写过并且只写过一部传世之作，都是笔记体。达·芬奇这本就叫《达·芬奇笔记》，拙译非全本，原稿传世的有五千多页，目前市面上所见都是选译。徐霞客那本叫《徐霞客游记》，其中相当部分，经常被我在桂林、阳朔地界上的朋友传诵引用。因为徐霞客攀过的山、探过的源，就在我们这儿，它们因他而入史，他因它们而永生。

たけ

比肩

くらべ

[日] 樋口一叶 著

[日] 萧萧 译

文洁若 主编

文化发展出版社
Cultural Development Press
·北 京·

根据日本新潮社

「にごりえ・たけくらべ」1949年版译出